Brujería moderna

Desvelando los Secretos de las Runas Nórdicas, la Adivinación, las Guías Espirituales, la Lectura del Tarot, los Hechizos Lunares y los Rituales Mágicos

© **Copyright 2024**

Todos los derechos reservados. Ninguna parte de este libro puede ser reproducida de ninguna forma sin el permiso escrito del autor. Los revisores pueden citar breves pasajes en las reseñas.

Descargo de responsabilidad: Ninguna parte de esta publicación puede ser reproducida o transmitida de ninguna forma o por ningún medio, mecánico o electrónico, incluyendo fotocopias o grabaciones, o por ningún sistema de almacenamiento y recuperación de información, o transmitida por correo electrónico sin permiso escrito del editor.

Si bien se ha hecho todo lo posible por verificar la información proporcionada en esta publicación, ni el autor ni el editor asumen responsabilidad alguna por los errores, omisiones o interpretaciones contrarias al tema aquí tratado.

Este libro es solo para fines de entretenimiento. Las opiniones expresadas son únicamente las del autor y no deben tomarse como instrucciones u órdenes de expertos. El lector es responsable de sus propias acciones.

La adhesión a todas las leyes y regulaciones aplicables, incluyendo las leyes internacionales, federales, estatales y locales que rigen la concesión de licencias profesionales, las prácticas comerciales, la publicidad y todos los demás aspectos de la realización de negocios en los EE. UU., Canadá, Reino Unido o cualquier otra jurisdicción es responsabilidad exclusiva del comprador o del lector.

Ni el autor ni el editor asumen responsabilidad alguna en nombre del comprador o lector de estos materiales. Cualquier desaire percibido de cualquier individuo u organización es puramente involuntario.

Su regalo gratuito

¡Gracias por descargar este libro! Si desea aprender más acerca de varios temas de espiritualidad, entonces únase a la comunidad de Mari Silva y obtenga el MP3 de meditación guiada para despertar su tercer ojo. Este MP3 de meditación guiada está diseñado para abrir y fortalecer el tercer ojo para que pueda experimentar un estado superior de conciencia.

https://livetolearn.lpages.co/mari-silva-third-eye-meditation-mp3-spanish/

¡O escanee el código QR!

Índice

INTRODUCCIÓN 1
CAPÍTULO 1: LA BRUJERÍA A TRAVÉS DE LOS TIEMPOS 3
CAPÍTULO 2: FIESTAS Y CREENCIAS DE LA BRUJERÍA 13
CAPÍTULO 3: LOS ELEMENTOS 23
CAPÍTULO 4: DIOSES Y DIOSAS EN LA BRUJERÍA 33
CAPÍTULO 5: LAS CARTAS DEL TAROT 48
CAPÍTULO 6: ADIVINACIÓN RÚNICA 56
CAPÍTULO 7: ADIVINACIÓN CON CRISTALES 69
CAPÍTULO 8: MAGIA LUNAR 80
CAPÍTULO 9: GUÍAS ESPIRITUALES 91
CAPÍTULO 10: MAGIA RITUAL 101
CAPÍTULO EXTRA: EL GLOSARIO DE LAS HIERBAS 109
CONCLUSIÓN 113
VEA MÁS LIBROS ESCRITOS POR MARI SILVA 114
SU REGALO GRATUITO 115
REFERENCIAS 116
FUENTES DE IMÁGENES 118

Introducción

¿No merecemos todos un poco de magia en nuestras vidas? ¿Se ha centrado la gente tanto en la ciencia y la tecnología que ha perdido la capacidad de pensar más allá del mundo del día a día y de preguntarse qué hay en otros reinos? Los antepasados humanos conocían la importancia de tener una mente abierta y reconocer que existen energías y seres superiores fuera de su esfera habitual de conocimiento. Desarrollaron herramientas, hechizos y rituales que pedían a estos seres superiores que entraran en sus vidas y trajeran consigo su poderosa energía.

Por supuesto, algunas de estas prácticas se centraban en energías negativas. Se las calificaba de satanismo o de trabajar con el diablo, pero estos ejemplos no deberían dar mala fama a la brujería. La sociedad moderna está empezando a buscar más fuerzas sobrenaturales y a hacerlas parte de la vida normal, ¿y por qué no deberías hacerlo tú? Pensemos en la palabra sobrenatural. La naturaleza es asombrosa, y todos reconocemos ese hecho, así que imagina recurrir a una fuente que se haya SOBRE dicha naturaleza. ¿No sería algo super increíble?

Estás a punto de descubrir cómo estar más en contacto contigo misma, con tu subconsciente y con el conjunto de fuentes de energía naturales y sobrenaturales disponibles. Tienes el control y los medios para explorar estas fuentes con seguridad y con el conocimiento de que puedes mejorar tu vida. Hay grandes cosas ahí fuera, ¿y por qué no deberías tenerlas tú? Forma parte del mundo de la magia y descubre tu equipo espiritual, que te ha estado esperando desde antes de tu concepción. Son benévolos, cariñosos y pronto formarán parte de tu vida. ¿Estás listo para lanzarte y empezar? ¡Adelante!

Capítulo 1: La brujería a través de los tiempos

Cronología de la brujería

La humanidad primitiva necesitaba encontrar formas de sobrevivir. Necesitaban cobijo y comida para mantener a sus comunidades seguras y sanas. Imagínate que entonces eras un cazador-recolector y tenías que encontrar la manera de llevar comida a casa para tu grupo. No había información sobre cómo atrapar a tus presas; tenías que utilizar los materiales que tenías a mano. La humanidad primitiva utilizaba rituales mágicos relacionados con la fertilidad de los humanos. Atraían a los animales vistiendo las pieles de sus presas rematadas con cuernos o astas para mostrar su fuerza y liderazgo.

Los brujos o chamanes celebraban elaboradas ceremonias para dar las gracias a la diosa de la caza y a la

Los chamanes celebraban elaboradas ceremonias para dar las gracias a la diosa de la caza[1]

dueña de los rebaños y los peces. Una de las primeras representaciones de la brujería primitiva se encontró en los Pirineos franceses y se llamó el Brujo Danzante. Un ser mágico con pies humanos, los grandes ojos redondos de un búho, los genitales de un gran felino y la cola de un caballo o un perro salvaje, todo ello rematado con la impresionante cornamenta de un ciervo. La figura también tenía las patas delanteras de un león y estaba cubierta de pieles de animales. Se cree que la imagen data del año 1400 a. C. y se considera el registro más antiguo de brujería jamás encontrado.

A medida que el hombre se fue desarrollando y entró en el Neolítico, la Luna y el triple ciclo mágico empezaron a influir en sus prácticas. Las imágenes de la diosa triple y el ciclo de la fertilidad adquirieron mayor importancia. Los hombres habían empezado a depender más de la agricultura para alimentar a sus comunidades, y el enfoque de su magia cambió en consecuencia. Un trío de estatuas de piedra dedicadas a la Triple Diosa, la doncella, la madre y la arpía, se encontraron en cuevas de Francia y se cree que se originaron entre el 1100 y el 1300 a. C.

La cronología más tradicional de la brujería se remonta a Egipto y la antigua Sumeria, donde los artefactos sugieren que la brujería y la magia eran importantes, y los libros de hechizos de alrededor del año 3000 a. C. contenían conjuros mágicos y rituales dedicados a resucitar a los muertos y proteger a los vivos.

La Biblia también hace referencia a múltiples brujas, a la adivinación y a los complejos poderes de la magia. La bruja de Endor es llamada a consulta por el rey Saúl, y predice la muerte de Saúl y sus hijos en una batalla contra los filisteos. Al día siguiente, los hijos de Saúl murieron en el campo de batalla, y Saúl estaba tan angustiado que se quitó la vida. Se cree que estas referencias datan de alrededor del año 900 a.C. Son solamente algunas de las muchas referencias a la brujería y la magia tan comunes para entonces.

La emperatriz Wei, que gobernó en China desde el año 129 a. C. hasta el 91 a. C., fue acusada de practicar magia negra para ayudarse a quedar embarazada. Fue desterrada de la capital junto con cientos de personas que la ayudaban, y todas ellas fueron ejecutadas por su participación en la práctica de la brujería. Los romanos y los griegos también se dejaron registros acerca de la práctica de la brujería: para los romanos era una práctica certificada, o más bien, una forma positiva de hacer magia, mientras que los griegos veían el oficio de forma más negativa.

En América, la brujería era una embriagador sincretismo de creencias culturales, con el hoodoo, el vudú y el cristianismo como partes de la mezcla. La esclavitud hizo que las creencias de origen africano empezaran a formar parte de la cultura estadounidense y se mezclaran con creencias más tradicionales para dar lugar a la brujería en la que la gente creía y practicaba. Muchos grupos culturales desplazados utilizaban la brujería para hacer sus vidas más aceptables y luchar contra las inequidades que percibían en la sociedad. Los hechizos se realizaban a menudo para mejorar sus vidas y luchar contra las injusticias endémicas a las que se enfrentaban los esclavos, como una forma de luchar contra los amos que los controlaban. Las creencias cristianas se mantuvieron para enmascarar su origen de brujería y, con el tiempo, se convirtieron en parte de la manera en que se usa la magia hoy en día.

La Edad Media fue la época más documentada de la brujería, y muchos historiadores se centraron en las cacerías y los juicios a los que se enfrentaron los hechiceros. En el siglo XVI y los años anteriores a esta época, la magia se consideraba una práctica aceptable y formaba parte del culto y las creencias habituales. Incluso la Iglesia consideraba que la magia no era más que superstición —nada que temer o incluso reconocer—, mientras que el resto de la población creía y practicaba muchas formas de magia y brujería hasta que la Iglesia cambió su percepción.

En 1484, la Iglesia cambió su postura en un intento de convencer a la población de que las creencias paganas y la magia eran malvadas y que los únicos seres capaces de tal magia eran Dios y los Espíritus Santos. Se promulgó un edicto en el que se afirmaba que las brujas eran reales y que debían ser perseguidas y responsabilizadas de sus prácticas malignas. En toda Europa se escribieron textos que describían cómo detectar a estas brujas malvadas y qué buscar. Se designaron cazadores de brujas para librar a las comunidades de las sospechosas por brujería y de las personas que las apoyaban. Las mujeres mayores solteras eran especialmente vulnerables al escrutinio, y las mujeres que vivían solas también estaban bajo sospecha.

El auge del protestantismo también contribuyó al furor, y tanto católicos como protestantes formaron comités y jurados para juzgar a las brujas y enviarlas a su destino. La religión desempeñaba un papel tan importante en la sociedad que las brujas y su persecución estaban en el punto de mira de todo el mundo, lo que condujo a un sistema de miedo y sospecha. Un simple rumor podía iniciar una gran campaña contra individuos o incluso familias, y mucha gente vivía con miedo a ser perseguida. En el punto álgido del pánico a las brujas, se cree que fueron ejecutadas entre 40.000 y 50.000 personas, la mayoría mujeres.

Cuando se calmó el pánico europeo, la cultura de las brujas cruzó el océano y encontró un nuevo hogar en las colonias. América era ya un hervidero de influencias culturales cuando la ciudad de Salem se convirtió en el centro de las nuevas supersticiones sobre la brujería. Tres mujeres fueron acusadas de ser brujas e iniciaron una vorágine de acusaciones y persecuciones; estas audiencias se conocen ahora como los Juicios de las Brujas de Salem. Las mujeres fueron acusadas de lanzar hechizos que llevaron a la posesión de tres niñas del pueblo, lo que provocó que se convirtieran en herramientas del Diablo. La hija del reverendo París y sus dos primas actuaban de forma irracional y sufrían ataques inexplicables. Las niñas afirmaban que Sarah Good, una anciana pobre, Sarah Osborne, una mendiga sin hogar y Tituba, la sirvienta del reverendo, eran culpables de brujería.

Tituba confesó el crimen y fue indultada. Osbourne murió antes del juicio y la señora Good fue ahorcada. Se convirtió en la primera "bruja" ejecutada en suelo estadounidense, y su muerte provocó una ola de paranoia y sospechas que se extendió rápidamente por las colonias. Más de 200 personas fueron acusadas y al menos 20 ejecutadas. La situación se sofocó en 1693 con una carta de Benjamin Franklin en la que tachaba la situación de ridícula y sin base en la verdad. En Europa, el año 1700 también marcó el fin de las supersticiones y el miedo en torno a la brujería. Se aprobaron leyes que establecían que cualquiera que afirmara ser bruja sería acusada de fraude, porque las brujas no eran reales y no tenían poder.

Aunque la brujería nunca desapareció realmente, la histeria que la rodeaba se disipó y otras religiones y creencias se hicieron más frecuentes. A principios de la década de 1920, una erudita inglesa que estudiaba y enseñaba egiptología publicó un libro titulado *"The Witch Cult in Western Europe"* (El culto de la brujería en Europa occidental) en el que afirmaba que las brujas practicaban sacrificios de animales y niños, además de decir que los aquelarres, dirigidos por el mismísimo Diablo, formaban parte de la cultura y existían en toda Europa. Sin embargo, en la década de 1930 publicó otro libro en el que cambió su percepción y proclamó que la brujería era la religión antigua que existía antes del cristianismo y que debía incluirse en la cultura moderna.

Fue en la década de 1950 cuando el resurgimiento del paganismo empezó a ponerse de moda con la aparición de Gerald Gardner y su libro *Modern Witchcraft* (Brujería moderna). Inició un movimiento conocido como Wicca y consultó con el infame Aleister Crowley para crear rituales, hechizos y otras tradiciones mágicas paganas que trabajaban con las estaciones, los equinoccios y los solsticios. En 1953, Gardner nombró a una mujer inglesa, Doreen Valiente, como su suma sacerdotisa del aquelarre conocido como Bricketwood Coven. Esta mujer fue una figura influyente que había practicado la magia desde la infancia y era una consumada defensora de la Wicca.

Doreen se convirtió en una de las voces más influyentes de la magia moderna y escribió cinco libros sobre este oficio. Su obra animaba a los lectores a investigar más y defendía que la Wicca podía ser practicada por cualquiera, sin necesidad de ser un iniciado y formar parte del movimiento oficial de la Wicca. Su legado le definió como "La maestra de la magia moderna", ya que ella fomentó el crecimiento de la Wicca hasta su muerte en 1999.

La brujería moderna hoy

La wicca y otras creencias paganas se han hecho más populares desde la década de 1970, y cada vez más gente se decanta por religiones alternativas en lugar de conformarse con las tradicionales. Están abrazando la magia basada en la naturaleza y utilizando tradiciones paganas para marcar los cambios de estación y la forma de vivir con la magia de la naturaleza. La gente está abandonando las religiones más tradicionales y sustituyéndolas con espiritismo. Prefieren distanciarse de las iglesias establecidas debido a sus relaciones con escándalos y creencias limitantes en cuanto a lo que sus seguidores pueden hacer. La religión juzga, pero los miléniales no están dispuestos a que nadie les diga lo que deben hacer y a qué les pongan castigos en caso de querer elegir caminos diferentes.

Los miléniales están bien informados y no tienen restricciones a la hora de elegir. Saben lo que hay ahí fuera y pueden conectarse con el resto del mundo con solamente pulsar un botón. Pueden acceder fácilmente a información sobre el hinduismo, la wicca, el budismo y otras religiones y sistemas de creencias, y chatear con practicantes de todo el mundo. Esto es a la vez liberador y paralizante, ya que demasiadas opciones podrían significar que no elijan por miedo a equivocarse. La espiritualidad, un término general, les da la libertad de trabajar con otras personas dedicadas a abandonar el consumismo y colaborar para hacer del mundo un lugar mejor.

La brujería se ha ampliado para incluir muchas prácticas diferentes que se adaptan a la sociedad moderna. Las brujas de la nueva era están por todas partes y ya no tienen que temer a la sociedad. Practican a la vista de todos o en sus casas, según sus preferencias, y forman parte del nuevo sistema de creencias, más incluyente y de mente más amplia.

Tipos de brujas

Primero que todo, eliminemos la imagen de los cuentos de terror según la cual, las brujas dan miedo con sus caras verrugosas, su piel verdosa, y que quieren atrapar princesas inocentes. Las brujas no son ocultistas ni siervas del Diablo, pero sí son sobrenaturales. ¿Qué es lo sobrenatural? Tradicionalmente, sobrenatural significa un fenómeno que está más allá de las leyes de la naturaleza y de la comprensión científica, pero en términos de brujería, puede ser más literal. Las brujas son sobrenaturales porque trabajan con el poder del mundo natural y entienden cómo utilizarlo. Las brujas modernas son gente normal, como tú y como yo, pero suelen ser curanderas consumadas que trabajan con la naturaleza para aportar magia al mundo. No son parias; están aceptadas en la sociedad y todas se identifican con ciertas características. Mira la siguiente lista y comprueba si te identificas con la brujería o si reconoces alguna que te resulte familiar.

Brujas tradicionales

A menudo denominadas brujas populares, estas practicantes suelen trabajar en aquelarres y realizar hechizos más tradicionales. Prefieren trabajar con espíritus antiguos relacionados con su región y conocen como ha sido su oficio a través de los tiempos. Si conoces a una bruja tradicional, aprenderás mucho sobre los orígenes de la brujería, su historia y de la literatura correspondiente.

Brujas ceremoniales

Estas hechiceras son más reservadas que otras brujas que trabajan con magia ceremonial. Creen en el poder de la alta magia y sus prácticas tienen un cierto orden jerárquico. Las brujas ceremoniales obtienen autoestima de su magia y pretenden llegar a ser más cultas y consumadas.

Brujas de la cocina

Una de las formas más populares de brujería consiste en hacer magia en el corazón de la casa y en la cocina. Las brujas de cocina crean pociones y alimentos para curar y atraer la suerte y el amor a sí mismas y a sus seres queridos. Suelen ser expertas jardineras y tener una fuente sostenible de ingredientes en casa. Las brujas de cocina trabajan con ingredientes de temporada y siguen recetas transmitidas de generación en generación por sus familias.

Brujas verdes

También llamadas brujas del bosque, estas practicantes trabajan al aire libre con la magia de la naturaleza. Tienen un profundo conocimiento de las plantas y hierbas y una poderosa conexión con los elementos. La bruja verde suele trabajar con brujas de cocina, colaborando en la elaboración de platos y pociones mágicos y saludables a partir de los ingredientes de estas.

Brujas del lar

Otra forma de artesanía se centra en el hogar. Todo el mundo sabe que el lar o chimenea era el lugar tradicional de la casa donde la familia se reunía y compartía sus experiencias en épocas pasadas. Las brujas del lar suelen ser hábiles artesanas y utilizan productos y materiales naturales para crear su magia. Utilizan sus habilidades para atraer energía positiva y curativa a sí mismas y a sus hogares. Aunque la mayoría de los hogares modernos no tienen chimeneas o lares tradicionales, este tipo de brujería sigue siendo eficaz y popular.

Brujas del seto

Aunque el nombre sugiere cierta relación con el tipo de arbusto, en la magia, un seto significa algo diferente. El seto es la barrera entre este mundo y el reino espiritual. Las brujas del seto tienen experiencia como comunicadoras y utilizan su magia para hablar con los espíritus y traer sus mensajes a este mundo. Utilizan el viaje astral o los sueños lúcidos para establecer sus conexiones. Son expertas en separar su alma de su cuerpo físico para que pueda viajar entre los dos mundos.

Algunas culturas se refieren a este tipo de brujo como chamán, seidr o brujo astral.

Brujas cósmicas

Estas brujas utilizan la astrología y la astronomía para potenciar su magia. Extraen energía de las estrellas y los cielos y la utilizan para realizar rituales y hechizos. Las brujas cósmicas estudian las cartas natales y utilizan la alineación de los planetas y las estrellas para guiarse durante su trabajo. La brujería cósmica implica muchos detalles y atrae a las personas que creen en el poder del cosmos.

Brujas de Augurio

Estas brujas confían en su magia para ver el futuro y adivinar lo que puede ocurrir en el mismo. Utilizan presagios, cartas del tarot y otras herramientas para buscar señales, y también pueden trabajar con los animales y el mundo natural. Las brujas de augurio suelen entrar en trance y meditación cuando realizan su magia y trabajan con el mundo espiritual y la naturaleza para crear sus visiones y mensajes.

Brujas nórdicas

Estas brujas siguen las antiguas tradiciones nórdicas y estudian a Odín y Freya. La religión nórdica de Asatru está llena de conexiones mágicas y poderes que se originaron en los antiguos dioses y diosas que forman las creencias que siguen hoy en día. Asatru es popular porque sus seguidores no adoran a sus deidades. Creen que tienen cualidades humanas y son tan propensos a cometer errores como los hombres normales. Las leyendas nórdicas suelen describirlos como bufones borrachos o idiotas pendencieros a los que se puede engañar y llevar por mal camino. Estas cualidades humanas los convierten en algunas de las deidades más accesibles de las creencias paganas y contribuyen a su popularidad.

Brujas elementales

Estas brujas trabajan con elementos y lanzan sus hechizos utilizando el poder de la naturaleza. Más adelante, en el libro, se examinarán más de cerca los elementos y su lugar en la brujería.

Brujas mágicas

Los Fae son criaturas míticas parecidas a hadas que aparecen en la mitología celta y son representativas de fenómenos naturales. Las brujas conectan con las criaturas y extraen energía de ellas para alimentar su magia. Este tipo de práctica está relacionada con la brujería verde, pero se centra en las hadas y en la conexión que tienen con la naturaleza.

Brujas lunares

Al igual que las brujas cósmicas, estas practicantes se centran en los cielos, especialmente en la luna. Utilizan rituales y hechizos llenos de energía lunar, y los hechizos que lanzan se explicarán más adelante en el libro.

Brujas solares

Estas brujas utilizan el poder del sol para dar energía a sus herramientas y hechizos. Canalizan el sol para aportar luz y positividad a su magia. Suelen realizar sus rituales o su magia al amanecer o al atardecer para que estos se vean potenciados por la energía solar.

Brujas del mar

Estas brujas trabajan con el poder del agua, especialmente del mar. Trabajan con espíritus y entidades que viven en las olas y tienen rituales que las conectan con ciertas deidades. Su entorno suele dictar la magia de las brujas marinas, que también trabajan con otras masas de agua, como lagos y ríos.

Brujas seculares

Estas brujas no creen en bendiciones o poderes divinos. No tienen ninguna conexión con deidades u organismos religiosos y creen únicamente en el poder de diez mundos naturales. Esto no significa que no haya brujas seculares religiosas. Pueden seguir una religión, pero separan las dos partes de su vida para que la magia y la religión no se influyan mutuamente.

Brujas del caos

Estas brujas encarnan el caos natural del mundo. Creen que crear energías ruidosas y conflictivas alimenta su magia. Muchas brujas practican en condiciones de calma y serenidad que les ayudan a conectar con los espíritus, pero las brujas del caos hacen todo lo contrario. Hacen ruidos fuertes y prosperan con la energía que crean. También trabajan bien con climas turbulentos y les encanta realizar rituales en tormentas y condiciones meteorológicas caóticas. Ten cuidado de las brujas del caos, ya que normalmente favorecen las maldiciones y los maleficios en su práctica, por lo que si las enfadas, puedes sentir su ira.

Brujas eclécticas

Estas brujas practican múltiples tipos de magia y siempre están abiertas a nuevas ideas. Ecléctico es un término genérico para describir a las brujas que adoptan diferentes formas de magia. Entienden que las conexiones naturales conducen a puntos en común en la magia. Por ejemplo, la bruja lunar y la bruja del mar compartirán ciertas energías porque los ciclos lunares afectan al mar.

No importa con qué tipo de bruja te identifiques. No hay reglas rígidas sobre tus creencias y de dónde sacas tu energía. Tal vez practiques un estilo de brujería que no se menciona aquí. Tampoco pasa nada; al igual que en el mundo normal, las etiquetas son menos importantes que las intenciones. Utiliza el nombre que tú quieras, ya que las brujas son poderosas e importantes, sea como sea.

Capítulo 2: Fiestas y creencias de la brujería

¿Qué es la Rueda del Año?

La Rueda del Año muestra los ciclos de la naturaleza, que constituyen la base de la magia²

Cuando la gente oye hablar de rituales paganos y brujería, suele pensar en rituales oscuros en las celebraciones del solsticio de invierno y verano que ofrecen culto para realizar magia oscura y conectar con espíritus de otro mundo. En realidad, la verdadera rueda del año es mucho más que un calendario pagano. Sus orígenes se remontan a culturas paganas y neopaganas, pero su significado real tiene mucho más que ver con la creación divina y los ciclos de la naturaleza, que constituyen la base de la magia y la brujería. Si de verdad quieres entender cómo celebraban tus antepasados, las estaciones y las condiciones cambiantes en las que vivían, tienes que estudiar la rueda del año y las celebraciones que representa.

¿Por qué miras el calendario? Los cumpleaños, las vacaciones, las citas con el dentista y otras razones mundanas son las principales razones por las que la gente lleva calendarios, pero imagina cómo era en la época precristiana, antes de la era tecnológicamente avanzada. Las personas que vivían milenios atrás no contaban con la ventaja de la electricidad y otras energías modernas. Cuando oscurecía, solamente tenían velas y fuego para iluminar sus hogares, y cuando cambiaba el tiempo, necesitaban saber qué crecería y qué no para alimentarse. Necesitaban cosechas abundantes, y su conocimiento de los cambios cíclicos de la naturaleza tenía que formar parte de ese proceso para producir los alimentos que necesitaban cuando las estaciones eran favorables.

La rueda del año se divide en ocho sabbats que representan puntos del año que marcan un cambio de estación. Cada uno de ellos tiene poderes y características individuales que se celebran en consecuencia. Algunos son los solsticios, los equinoccios y los días en que se cruzan los cuartos, que son hitos importantes a lo largo del año civil. Imagínate la emoción y la alegría que sentiría la comunidad cuando terminara el invierno y surgieran los brotes frescos y las flores de primavera. Imagina la esperanza y el asombro cuando sus animales empezaban a producir crías que pondrían carne en la mesa familiar y asegurarían su supervivencia un año más.

Hoy en día, la rueda del año es menos importante. La gente come alimentos importados, y la única forma en que las estaciones afectan a sus vidas es a través de la ropa que llevan. Los paganos modernos, los wiccanos y otros grupos de brujería son diferentes. Entienden que el poder de la naturaleza sigue siendo cíclico y que los rituales y la magia de la rueda del año pueden ayudar a la gente a aprender más sobre el mundo natural y cómo cuidarlo. Por mucho que te cueste entenderlo, la humanidad está intrínsecamente ligada a la naturaleza y no es sano desconectarse de ella. Es espiritualmente gratificante desprenderse de las costumbres modernas y volver a sintonizar la mente con la naturaleza y sus estaciones cambiantes, por lo que la rueda del año es una guía eficaz para honrar los ciclos de la naturaleza.

Los ocho Sabbats

Empecemos por el que quizá sea el sabbat más conocido, Samhain. Aquí comienza la rueda del año y el día en que la gente reconoce que el verano se ha ido y las noches empiezan a acercarse.

Samhain 31 de octubre - 1 de noviembre

El Samhain fue evolucionando hasta convertirse en el *All Hallows Eve*, también conocido como *Halloween* en tiempos más modernos. En algunos países, los niños salen disfrazados para pedir "truco o trato" a sus vecinos y recibir dulces y golosinas de ellos. La forma más tradicional de celebrar Samhain era sacrificar animales y almacenarlos para prepararlos para el invierno, además de conservar otros alimentos. La fiesta de Samhain representaba hacer el inventario previo necesario para prepararse para los meses fríos.

El Samhain es cuando el velo entre los vivos y el mundo espiritual es más delgado, y los seres del otro mundo pueden cruzarlo fácilmente para entrar en el mundo físico. Se encendían hogueras para limpiar la zona, y los celebrantes dejaban comida y bebida para alimentar a los espíritus que los visitaban. La Iglesia católica adoptó al Samhain como Víspera de Todos los Santos para señalar que es un día en el que celebra a los muertos y se recuerda su paso por la Tierra.

Es un momento para reflexionar y hacer balance espiritual. En Samhain, celebra el regreso de la oscuridad y la intensificación de las conexiones espirituales. Aprovecha las celebraciones para marcar los finales y los nuevos comienzos para poder empezar de nuevo.

Correspondencias

Naturaleza: Calabaza y calabacín, piñas, hongos, champiñones, tubérculos

Símbolos: Calabazas y zapallos para tallar, esqueletos, árboles, antepasados y la arpía

Colores: Rojo, negro, marrón, naranja y amarillo

Utiliza los ingredientes para preparar sustanciosos guisos y comidas para ti y tu familia. Cocina por lotes en el congelador y conserva las verduras de tu huerto o de la cocina, así no desperdiciarás nada. Haz mermelada con la fruta que te sobre y guárdala en los armarios para el invierno.

Ritual de Samhain

Decora una habitación con correspondencia relevante y fotos de tus familiares fallecidos. Enciende una vela roja y cierra los ojos. Pide a los espíritus de tus antepasados que te visiten y te guíen en tu vida. Pídeles que te aconsejen sobre aspectos concretos y que te envíen mensajes. El velo entre los dos mundos es muy fino y es el momento perfecto para conectar con ellos.

Solsticio de invierno 21 de diciembre

También conocido como *Yule*, es el punto más oscuro de la rueda. En términos modernos, el 21 de diciembre es el día más corto del año y marca el final del acortamiento de los días y el alargamiento de las noches. Los antiguos sabían lo especial que era esta época del año y por tanto lo celebraban. Hacían regalos, perdonaban las transgresiones morales y ofrecían sacrificios y regalos al dios Saturno. Es una época de transformación y renacimiento, por lo que la magia se centra en estas energías. Mientras el resto del mundo se prepara para la Navidad, usted puede celebrar Yule quemando un tronco de Navidad e invitando a sus amigos y familiares a un gran banquete.

El solsticio de invierno es una época de descanso, y los paganos buscan inspiración en la naturaleza. Las abejas han sellado sus colmenas, los árboles están desnudos y las plantas perennes se nutren de los nutrientes almacenados. La naturaleza se toma un descanso, y tú deberías hacer lo mismo. Tómate tu tiempo para nutrir tu alma y tu mente acurrucándote bajo las mantas y leyendo. Come alimentos para el corazón y repón tus energías.

Correspondencias

Naturaleza: Cítricos, canela, menta, romero y salvia

Símbolos: El pino, el acebo, las estrellas, los troncos, el hogar, los renos y las velas

Colores: Rojo, dorado, verde, blanco y plateado

Ritual de Yule

Enciende una vela roja y otra verde para pedir a los espíritus que te ayuden a encontrar la paz. Cierra los ojos y reflexiona sobre el último año y lo que has conseguido. Imagina que una luz blanca te rodea y te mantiene libre de todo daño. Ahora respira profundamente dos veces y siente cómo la paz desciende y llena tu cuerpo. Apaga las velas y agradece a los espíritus su presencia.

Imbolc 31 enero - 1 febrero

Este es el sabbat que celebra el comienzo de la primavera para los paganos. A medida que las campanillas de invierno se abren paso a través de la dura tierra y aparecen los primeros signos de nueva vida, es el momento de celebrar el renacimiento. El sol ha empezado a aparecer durante más tiempo, y es hora de dar la bienvenida a nuevos proyectos y plantar las semillas de la intención. En agricultura, es hora de preparar el terreno para el nuevo ciclo de siembra, y los mismos principios se aplican a la brujería. Tómate tu tiempo para limpiar tus herramientas mágicas y recargarlas a la luz del sol o de la luna.

Imbolc es el momento de dar la bienvenida a la luz y celebrar a la diosa Brigid. Es el símbolo de la nueva vida y se representa con una pequeña cruz hecha de juncos tejidos y colocada en la puerta de casa. Conecta con ella creando un altar relacionado con Imbolc y pidiéndole que te envíe energía y amor. Es la diosa de la creatividad y la curación, así que hónrala escribiendo un poema o plantando semillas para representar el renacimiento de la naturaleza.

Es una época mágica del año y el momento perfecto para conectar con la naturaleza. Cultiva tu propio jardín de hierbas o planta verduras resistentes para celebrar tu conexión. Planta campanillas de invierno y narcisos en tu jardín, o visita zonas de belleza natural para devolver la luz a tu vida.

Correspondencias

Naturaleza: Campanillas de invierno, narcisos, azafrán, patatas nuevas, verduras de primavera, pescado

Símbolos: La cruz, muñecos de paja, flores

Colores: Blanco, amarillo, azul claro, naranja, plata

Ritual de Imbolc

Crea un espacio sagrado en tu altar o mesa y coloca tres velas sobre él. Una blanca, una naranja y una verde funcionan bien, pero puedes utilizar cualquier vela que tengas a mano.

Enciéndelas y cierra los ojos mientras pides a los espíritus el don de la luz.

"Enciende el fuego dentro de mi corazón y deja que la luz me guíe,
Acompáñame en el camino y mantén a salvo mi espíritu.
Las sombras que han gobernado la tierra ahora desaparecerán.
Y de su oscuridad ha brotado la primavera
Y con su vida y energía,
Que mi vida se renueve y me traiga fuerza y vigor".

Cuando las velas se hayan consumido, da las gracias a los espíritus y termina el ritual.

Ostara o Equinoccio de Primavera 21 de marzo

Ahora la naturaleza está equilibrada y todos los días hay la misma cantidad de luz y oscuridad. Los árboles empiezan a florecer y el frío del invierno es solamente un recuerdo. Es tiempo de esperanza, optimismo, renacimiento y celebración. Ostara ha inspirado muchas tradiciones y costumbres pascuales, como la búsqueda de huevos y el conejo de Pascua. Celébralo preparando comidas y bebidas llenas de color y bondad. Comparte tu casa con amigos y familiares y fomenta las manualidades y las búsquedas en la naturaleza. Esconde huevos en el jardín para que niños y mayores se diviertan buscándolos y comiendo el fruto de su trabajo.

Correspondencias

Naturaleza: Narcisos, tulipanes, azafrán, patos, huevos, conejos
Símbolos: Huevos, liebres, conejos
Colores: Amarillo pastel, azul pálido, verde mar, rosa, morado

Ritual de Ostara

Decora tu altar con huevos y conejos de juguete. Coloca dos velas amarillas en la superficie. Enciéndelas y pide a los espíritus que te muestren el poder del renacimiento. Pídeles que llenen tu vida de luz y felicidad y que te aporten energía a ti y a tu magia. Apaga las velas y agradece a los espíritus su ayuda.

Beltane 1 de mayo

Este es realmente el comienzo del verano; la luz se expande y los días largos llaman. La naturaleza muestra su lado nutricio y el mundo es verde y abundante. Los antiguos paganos se llenaban de esperanza en el futuro en esta epoca, y encendían dos hogueras para aportar un humo purificador a sus celebraciones. Los granjeros paseaban al ganado entre los dos fuegos antes de conducirlo a los pastos de verano para que pastara. A continuación, las vacas saltaban sobre la paja encendida para evitar que las hadas les robaran la leche.

Los fuegos son una parte importante de las celebraciones de Beltane y las parejas jóvenes saltaban sobre las llamas para asegurar la concepción. Cuando el fuego se consumía, las mujeres embarazadas saltaban sobre él para proteger a sus hijos y traerles suerte. Las cenizas ya frías se esparcían por los cultivos para protegerlos y favorecer su crecimiento.

En los tiempos modernos la celebración cambió a Primero de Mayo, pero muchas tradiciones antiguas siguen vigentes. El palo de mayo suele verse en las plazas de los pueblos o en las comunidades más pequeñas, donde la población se reúne y baila. Las doncellas bailaban y animaban a los jóvenes a unirse a ellas, mientras que otras vendían guirnaldas de flores para aumentar su dote. Mayo y Beltane representan el florecimiento de la naturaleza y se asocian a menudo con la sexualidad y la concepción.

Haz magia basada en el crecimiento y la fructificación y celebra la nueva vida que está brotando. Crea una muñeca de mayo vestida de blanco y adornada con flores para adornar tu casa. Decora tu casa con flores frescas y cintas brillantes para crear un ambiente divertido, e invita a tus amigos a barbacoas y copas para que todos juntos esperen el verano con ilusión. Organiza paseos por la naturaleza con amigos y llévate cuadernos y un bolígrafo para anotar y dibujar lo que veas.

Correspondencias

Naturaleza: Espino, campanillas, bayas, rosas blancas, glicinas

Símbolos: Guirnaldas, flores, el palo de mayo, la doncella, flores blancas

Colores: Verde pálido, amarillo pastel, rosa, blanco, plata

Ritual de Beltane

Decora tu altar con flores frescas y velas blancas. Enciende las velas y pide a los espíritus que traigan amor y romance a tu vida o que fortalezcan cualquier relación actual. Pide un tiempo más cálido y luminoso para conectar con la naturaleza.

Litha o Solsticio de Verano 20-21 de junio

El pico de la rueda. Los días son más largos y el sol está fuerte. Este es el sabbat para honrar la energía solar y realizar magia relacionada con su poder. El sol es la razón principal por la que los humanos tienen vida, así que recuerda honrar las propiedades que dan vida, y es un momento para celebraciones al aire libre con grupos de personas compartiendo su comida. También es tiempo para el amor y la procreación, así que celebra tus relaciones y aprovecha el aire libre.

Utiliza ingredientes naturales para crear sabrosos dulces Litha, como pasteles de miel o galletas de lavanda. Haz una hoguera y celebra el cielo nocturno al calor de su luz. Litha es tiempo de exploración, así que visita lugares que te inspiren y te aporten felicidad. Ve a la playa, siente el sol en la cara al sumergir los pies en el mar y dale gracias a la naturaleza por su calidez. Busca comida y aprende sobre las diferentes riquezas que hay ahí fuera. Acuérdate de comprobar si las plantas son comestibles antes de utilizarlas en la cocina. Recoge frutos del saúco y seca las fragantes flores blancas para preparar un cordial para bebidas frescas o fríelas en masa para hacer sabrosos buñuelos.

Correspondencias

Naturaleza: Flor de saúco, rosas, lavanda, tomates, cebolletas, lechugas

Símbolos: El sol, conchas, fuego, flores, guirnaldas

Colores: Rosa brillante, amarillo, dorado, naranja, turquesa, aguamarina

Ritual de Litha

Tómate tiempo para conectar con la naturaleza creando un altar en el jardín. Añade un tazón con agua fresca, una vela amarilla y flores frescas. Enciende la vela y cierra los ojos. Respira el aire fresco y pide a la naturaleza que te bañe con su luz y positividad. Pide a los espíritus que traigan prosperidad y abundancia a tu vida y que te inspiren para ser más creativa. Apaga la vela y abandona el altar con agradecimiento y esperanza.

Lammas 1 de agosto

Las frutas están maduras, las cosechas están crecidas y es hora de recoger los frutos. La cosecha se acerca y es hora de disfrutar de la abundancia de la naturaleza. En términos mágicos, esto significa que es el momento de pasar tiempo con tus seres queridos y alimentarte de su energía. Tus habilidades psíquicas aumentarán y estarás más conectado con las vibraciones altas. Tus conexiones serán óptimas y es el momento de conectar con tus guías espirituales y pedirles que te guíen. Los festivales tradicionales ingleses de la cosecha representan la forma en que los antiguos paganos celebraban Lammas, donde llevaban regalos para los miembros menos afortunados de la comunidad.

Elije Lammas para trabajar como voluntario en albergues locales para personas sin hogar o hacer donaciones a organizaciones benéficas. Despeja tu casa y prepárala para los largos meses que se avecinan. Dona los objetos que vacíes y agradece las recompensas y el sustento que te da la Tierra.

Correspondencias

Naturaleza: Verduras, manzanas, trigo, maíz, rosas maduras

Símbolos: Una espiga de maíz, la guadaña y el pan

Colores: Rosa intenso, dorado, marrón, ámbar y rojo

Ritual de Lammas

Lammas es el momento perfecto para probar la repostería casera, sobre todo si no lo has hecho antes. Hornea una simple hogaza de pan y colócala en tu altar. Parte el pan en cuatro cuartos y colócalos en los puntos cardinales. Bendice el pan y rocíalo con agua antes de compartirlo con tu familia.

Mabon, el Equinoccio de Otoño 21 de septiembre

Este es el ciclo final de la cosecha, cuando se traen las últimas cosechas de los campos y se empieza a preparar el invierno. Las horas de luz se acortan y el aire se llena de una pizca de escarcha. Mabon es el momento de celebrar los últimos días soleados del verano y encender hogueras para celebrar banquetes. Las hojas caen y es hora de despojarse de algunas capas. Concéntrate en las dudas sobre ti mismo y en cómo deshacerte de ellas. Utiliza la magia para aumentar la confianza en ti mismo y el amor. Empieza un diario y haz una lista de deseos de las cosas que harás en el año siguiente.

Correspondencias

Naturaleza: Bellotas, hojas secas, piñas, castañas de Indias

Símbolos: Montones de verduras cosechadas, hojas, la guadaña y el pan

Colores: Rojo, naranja, ámbar, marrón, amarillo, dorado y morado

Ritual de Mabon

Cubre tu altar con una tela dorada y coloca encima dos velas rojas. Utiliza papel y lápiz para hacer una lista de las cosas que quieres cambiar de ti misma. Enciende las velas y quema el papel con cuidado mientras pides a los espíritus que te guíen. Observa cómo las cenizas caen al suelo e imagina que tus peores hábitos se alejan de ti. Apaga la vela y agradece a los espíritus su asistencia.

Puede que la rueda del año no sea tan importante en nuestra vida cotidiana como lo era para nuestros antepasados, pero es un fuerte vínculo con la naturaleza y el pasado. Tal vez te alerte sobre el cambio de las estaciones y te haga estar más en sintonía con el funcionamiento de la naturaleza para llevar comida y sustento a la mesa. Quizá te dé más motivos para conectar con tus amigos y con el mundo espiritual para sentir su energía y conexión. Te recordará que los ciclos forman parte de la vida y que las personas necesitan fluir con energía y formar parte de la maravilla de la naturaleza.

Capítulo 3: Los elementos

Existe la creencia común de que hay cinco elementos fundamentales en la brujería y en la vida normal, pero este capítulo incluye un elemento extra que a menudo se pasa por alto. El sexto elemento aportará niveles crecientes de poder a tu oficio y te ayudará a encontrar distintas formas de utilizarlo en tu trabajo. En el popular juego *World of Warcraft*, el poder del sexto elemento es evidente y forma parte del armamento; los estudios científicos utilizan el elemento libremente. ¿Qué es este poderoso elemento? Sigue leyendo y descubre exactamente lo que te has estado perdiendo.

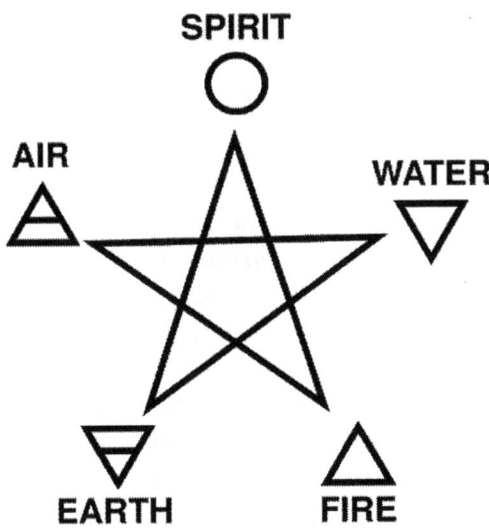

Los 5 elementos fundamentales[8]

Los seis elementos y cómo invocarlos en sus rituales

En brujería, muchos practicantes utilizan los cuatro puntos cardinales para dar poder a su magia, e invocan los cuatro pilares para crear un espacio y unos cimientos protectores que garanticen la seguridad de su trabajo. Los cuatro pilares son la Voluntad, el Conocimiento, la Osadía y el Tiempo de silencio, pero esa es otra rama de la magia. Los elementos que estás estudiando pueden utilizarse junto con estos sólidos cimientos y pilares para crear una energía mágica cohesiva que alimente tus hechizos y te proteja mientras trabajas.

Muchas brujas están familiarizadas con los cinco elementos habituales. Aun así, la adición del sexto te ayudará a crecer y a ser más eficaz, así que vamos a explorar los elementos y cómo introducirlos en tu mundo mágico.

Elemento Aire

Dirección Cardinal: Este

Color correspondiente: blanco o amarillo

Pilar: Conocimiento

El aire aporta energía a través de la más leve brisa o del más poderoso vendaval. Las semillas y el polen a se mueven a través del aire para dar vida a la tierra. El aire aporta inteligencia, habla, movimiento y otras innumerables fuerzas a tu magia. El aire es ligero e invisible, pero contiene una fuerza asombrosa que le imprime a los hechizos para viajar, conocer y encontrar lo perdido. El elemento aire crea la imagen de los cielos nublados. Representa cimas de montañas y llanuras barridas por el viento que te inspiran a ver el mundo.

Los hechizos de aire se realizan mejor en primavera e incluyen el uso de varitas y cristales como el citrino. Utiliza incienso y palos de sahumerio para invocar el elemento aire y apelar a las deidades que sigues para que te acompañen en tu tarea. Las deidades del aire incluyen una figura moderna del folclore americano, Aradia, que aparece en la popular obra de 1899 *El Evangelio de las Brujas*. Su nombre también está relacionado con una poderosa diosa italiana; es una figura clave con la que trabajar cuando utilices el elemento aire en tus hechizos.

Hechizos de aire

El Hechizo de la Creatividad y la Magia del Viento

Esto te ayudará a liberar su creatividad interior y a aumentar tu fuerza personal. Es una manera efectiva de identificar tus fortalezas y debilidades y permitir el crecimiento personal. Este hechizo te da una visión de tu propia forma y te permite conectar con los elementos y sentir su poder.

Lo que necesitas:

- Flores de primavera recién cortadas
- Instrumento de viento (cualquier cosa sirve, un pequeño silbato o una flauta dulce barata funcionan igual de bien que las flautas caras y adornadas)
- Una vela amarilla
- Barrita de salvia

Elige un lugar en el que conectes con la naturaleza y límpialo con tu salvia. Siéntate en el suelo y coloca la vela frente a ti. Enciende la vela y coloca tu instrumento de viento entre la vela y tu persona.

Di las palabras,

"Vela amarilla en el viento y el aire, trae creatividad para compartir. Muéstrame cómo encontrar a mi artista interior y bendice mi trabajo con originalidad y amor".

Visualiza cómo se manifestará. ¿Eres pintora o escritora? ¿Quieres hacer algo físico, como artesanía o escultura? Si no estás segura, cierra los ojos y deja que el elemento aire llene tus pulmones, respirando profundamente y soltando el aire lentamente. Deberías evocar imágenes que te ayuden a identificar lo que estás destinada a conseguir.

Coge el instrumento y toca notas en él. No intentes replicar una melodía que ya conoces. Este es un conjuro para tu creatividad, no para celebrar el trabajo de otro. Deja que las notas fluyan y floten en el viento mientras escuchas la melodía y te deleitas con la dulzura y la pureza del ruido.

Imagina un instrumento como una herramienta que atrae la energía del aire y siente cómo llena tus pulmones de oxígeno puro. Siente que la energía te llena de esperanza y amor e imagina que tus niveles de energía aumentan. Piensa en la visualización y en la actividad creativa que viste.

Deja el instrumento, apaga la vela y agradece a los espíritus y a los elementos sus interacciones antes de marcharte. Ve y comienza la actividad creativa.

Hechizo de viaje aéreo con humo

Lo que necesitas:

- Una pluma
- Una ramita de menta fresca
- Un abanico
- Una bolsa amarilla pequeña

Machaca la menta fresca a mano o con un mortero. Tómate un momento para aspirar el olor y dejar que llene tus pulmones y tu nariz.

Coge la pluma con la mano y visualiza el lugar al que quieres viajar. Imagina todo el proceso, el equipaje, el viaje y, finalmente, la llegada al destino elegido. Lanza la pluma al aire y utiliza el abanico para mantenerla alejada del suelo. Sigue abanicando hasta que sientas que el hechizo ha terminado y coge la pluma con la mano. Coloca la menta y la pluma en la bolsa y llévala contigo hasta que llegues al destino elegido.

Elemento Fuego

El fuego es un elemento masculino perfecto para hechizos relacionados con la pasión, el sexo, el poder y la fuerza.

Punto Cardinal: Sur

Color: rojo o naranja

Forma sólida: Triangular

Pilar: Voluntad

Los hechizos de fuego son principalmente hechizos con velas, pero puedes ir más allá con rituales de quema si los haces de forma segura. El fuego consume y limpia, y es la fuente de alimento y agua. Crea el combustible que enciende a la humanidad y le da luz y calor. Aporta empuje y determinación a tus hechizos y garantiza que serán más eficaces.

Los hechizos de fuego son geniales para los novatos en brujería, ya que son impresionantes y a la vez sencillos de realizar. Pero no siempre fue así. Imagina a tus antepasados experimentando el fuego por primera vez y la forma en que cambió sus vidas. Ahora recuerda el fenómeno de los incendios forestales y el terror que provocan en las zonas donde se producen. No hay que subestimar el fuego, hay que respetarlo y venerarlo. Cuando utilizas el fuego en tu magia, es sencillo encender una cerilla y producir llamas instantáneas, pero imagina lo que se siente al utilizar pedernal y acero para crear tu ingrediente elemental. Intenta crear fuego con elementos naturales y siente la fuerza extra que aporta a tu magia.

Hechizo de Destierro del Fuego

Este hechizo está hecho para deshacerte de las energías que te están deteniendo. La negatividad de una relación pasada o debilidades que sientes que te impiden avanzar. Nunca uses este hechizo para eliminar objetos o personas vivas; eso es ir demasiado lejos. Si tienes dudas sobre algo, este hechizo las despejará y te dará la intuición para avanzar y alcanzar tus metas.

Lo que necesitas:

- Caldero, puede ser de cualquier tamaño siempre que sea ignífugo
- Papel y lápiz
- Gel de encendido para barbacoa
- Cerilla o mechero

Coge papel y lápiz y escribe una sola palabra que represente lo que quieres desterrar. ¿Te frena la pena o la tristeza? ¿La duda es tu ancla? Escribe la palabra con claridad e intención.

Dobla el papel y colócalo en el caldero. Añade el gel inflamable y enciende la cerilla. Lanza la cerilla sobre el gel y observa cómo sale disparada la llama inicial e ilumina la habitación.

Di las palabras,

"El fuego hace arder la palabra con mucho brillo; hace que el problema desaparezca de mi vista; nunca más tendré que luchar; a partir de hoy, el mundo es justo".

Mantén la mano sobre el caldero cuando sea seguro y visualiza lo que quieres desterrar. Imagínalo como una forma sólida y mira cómo desaparece del caldero y se aleja flotando de ti. Ahora el hechizo ha terminado y la energía se ha dispersado. Agradece a los espíritus y al elemento su ayuda, y sigue con tu vida normal.

Elemento Agua
Dirección Cardinal: Oeste
Color: Azul
Símbolo alquímico: Triángulo invertido
Pilar: Atreverse

¿En qué piensas cuando oyes la palabra agua? ¿Es una bebida refrescante para calmar la sed o el agua caliente que te limpia? ¿Imaginas el mar, las increíbles olas y la fauna que puebla los océanos? ¿Quizá ríos y lagos o enormes y poderosas cascadas? Sea lo que sea lo que imagines, el poder y la fuerza del agua son indiscutibles.

El agua fluye y cambia para adaptarse al recipiente que la contiene, y una sola gota diminuta puede causar ondas que cambian el entorno. El agua es la gran fuerza que crea cañones y barrancos y es el elemento de nuestras emociones. Representa los misterios de la vida y, en magia, se utiliza para acceder a los secretos más profundos que las personas guardan bajo su yo consciente. Utiliza el agua para ser más intuitivo y permitirte ser más maleable, pero conservando tu forma original.

La belleza del elemento agua es su disponibilidad. A diferencia del fuego, no tienes que crearlo, está en todas partes y tú eliges qué agua se utiliza. Empieza a conectar con el elemento apreciándolo en todas sus formas. Levanta la cara al cielo cuando llueva y deja que las frías gotas de nieve se derritan sobre ti. Da las gracias a las fuerzas elementales cada vez que bebas agua o te laves las manos.

Hechizo de protección con agua
Lo que necesitas:

- Agua
- Sal marina
- Tazón *(No utilices un tazón de cocina; usa uno destinado exclusivamente a fines mágicos para añadir intención y pureza).*
- Menta o perejil fresco o seco

Si puedes, realiza el hechizo cerca de un cuerpo de agua natural como un estanque o un lago. Crea un círculo de protección con tu sal reservando un poco para el hechizo. Puedes fortificar el círculo con ocho piedras para aumentar la protección.

Entra en el círculo y siéntate con tus materiales. Añade el agua, la sal y las hierbas, y empieza a visualizar lo que necesitas del hechizo. ¿Qué quieres proteger? ¿Tu casa, tu familia, a ti mismo o a tu pareja? Puede ser cualquier cosa que se te ocurra. Imagina que te encierras en una habitación pequeña con paredes gruesas y puertas sólidas que te protegen. Ahora imagínate tumbada en el suelo y rodeada de cosas que te hagan sentir tranquila y en paz. Puede ser una camada de cachorros o una manta calentita. Lo principal es sentirse protegida. No te preocupes por los detalles; lo importante es la sensación de sentirse segura.

Ahora sostén el tazón frente a ti y mira dentro del agua. Deja que tus miedos fluyan hacia el agua y que la sal y las hierbas los limpien.

Di las palabras,

"No hay motivo de alarma; estoy libre de cosas que puedan dañar; esta agua es mi protección y bloqueará el mal antes de que haya comenzado".

Ahora siente cómo la negatividad entra en el tazón y se convierte en parte del agua. Puedes limpiar aún más la solución con sal yodada común y dejar el líquido unos instantes. Retira la hierba sin tocar el agua contaminada, entiérrala y pronuncia las siguientes palabras:

"Querido ramito de hierba, te doy las gracias. Mantenme libre de daño y a salvo y libre".

El proceso puede repetirse hasta que te sientas completamente protegida y a salvo de cualquier daño. Una vez terminado el hechizo, lava el tazón con agua limpia y fría y bendícelo antes de guardarlo hasta la próxima vez.

Elemento: Tierra

Dirección cardinal: Norte

Color: Negro

Forma alquímica: Triángulo invertido con una línea en la parte superior.

Pilar: Silencio

La tierra es la base de la naturaleza. Representa la solidez y la fuerza tangible. Los elementos de la Tierra pueden parecer menos llamativos que los demás, pero son fiables y seguros. Piensa en las cosas asombrosas que brotan de la Tierra; plantas y flores, alimentos y árboles están a tu alrededor, pero ¿qué más da la Tierra? Piensa en los diamantes y otras formas de adivinación de la Tierra.

Piensa en el elemento Tierra como el Bosón de Higgs de tu brujería; lleva la materia a tu intención y la convierte en un objeto tangible. Es un elemento curativo y funciona en hechizos que te conectan con la esencia de la naturaleza. Las civilizaciones antiguas crearon jardines y círculos de piedra para canalizar la energía de la tierra (piensa en Stonehenge o Machu Picchu), así que podrías crear el mismo efecto en tu casa.

Mandala de curación con la Tierra

Los budistas crearon mandalas para representar el universo, pero en este ejemplo estás creando una conexión con la Tierra. Elige una caja cuadrada o una jardinera y llénala de tierra y arena. Elige una selección de semillas blancas y plántalas en las esquinas para representar las cuatro esquinas de la creación. Ahora utiliza una selección de semillas y granos de colores para crear un patrón geométrico en la caja. Puedes elegir cualquier patrón que te guste y cualquier representación que desees. Sé creativo y enérgico, y llena la experiencia de alegría.

Puedes cantar mientras plantas las semillas y tal vez plantar algunas a la luz de la luna para atraer la energía lunar. Deja que tu voz interior te guíe y te muestre el patrón en tu mente. Una vez completado la mandala, déjalas enraizar durante siete días antes de volver a plantar las semillas en tu jardín. El proceso puede repetirse tantas veces como quieras para extender la magia y traer la energía de la Tierra a tu vida.

Hechizo de protección de tierra para el hogar

Utiliza las conexiones con la Tierra para que tu hogar sea seguro y esté libre del ataque de fuerzas negativas.

Lo que necesitas:

- 4 hierbas secas diferentes, canela, cimicifuga negra, té y clavos.
- 4 piedras negras
- 4 trozos de madera natural, ramas caídas o madera flotante

Bendice todos los objetos con las siguientes palabras

"Madre Tierra y tierra sagrada, aquí para quedarme, la magia está ligada, para proteger mi hogar y mantenerlo a salvo". Dentro de estos objetos, el poder está ligado; por nuestra reverencia, nuestras heridas sanarán, y con estas palabras, la magia está sellada".

Utiliza los objetos para crear un espacio seguro alrededor de tu casa y formar una barrera contra todo mal y negatividad. Puedes repetir las palabras tantas veces como quieras.

Estos son los cuatro elementos tradicionales de la brujería y te ayudarán a convertirte en un bruja más eficaz. Los dos elementos siguientes son menos físicos y más etéreos, pero son igual de importantes en la magia.

El elemento del yo o espíritu

Este elemento no es físico y representa la conexión entre todas las cosas. Nos conecta con el universo y aumenta nuestra conciencia de la magia de otro mundo.

Está representado por los colores blanco, violeta y negro.

En magia, el cuarzo cristal aporta la energía del espíritu, y el número 1 es el número correspondiente.

Su forma correspondiente es un círculo o espiral que representa el poder del ciclo de la naturaleza.

El quinto elemento no es un concepto moderno. Aristóteles y Platón empezaron a debatir la existencia de un elemento no físico que faltaba, y sintieron que faltaba algo en la ecuación. Acuñaron el elemento "*Aether*", que ha pasado a formar parte de nuestro lenguaje como "éter". El elemento espíritu no tiene forma y es energía pura, e invocarlo es una forma poderosa de hacer que tus hechizos sean más potentes.

Cómo invocar al elemento espíritu

La mayoría de los practicantes utilizan deidades para invocar el elemento espíritu, pero otros recurren a guías espirituales. Hay seis pasos para invocar el elemento e invocar su energía a tu mundo.

1. **Determina el hechizo o ritual que vas a realizar.** Los espíritus necesitan saber qué energía aportar. ¿Vas a realizar un hechizo de amor, de beneficios económicos o de protección? Sé clara con tus requisitos y da tantos detalles como puedas. Establecer tu intención es crucial para el éxito, así que no te apresures en el proceso.

2. **Elige un espíritu que se adapte a tus necesidades.** ¿Qué energía necesita tu hechizo? ¿Tienes conexiones con tus guías espirituales y antepasados? Este tema se tratará más adelante en el libro, para que entiendas mejor la energía disponible.

3. **Elige un momento.** El tiempo lo es todo y, dependiendo de tus creencias, deberías planear hacer manualidades en un momento en el que te sientas más poderosa y conectada con el

universo. Si trabajas mejor con la energía lunar, hazlo por la noche. Si sientes afinidad por determinadas fuerzas astrológicas, consulta las cartas astrales para elegir un momento adecuado para tu trabajo.

4. **Límpiate.** Esta es una parte importante del proceso. Utiliza tu ritual de limpieza habitual para disipar todas las energías negativas y la suciedad física de tu cuerpo. Una vez limpia, vístete para la ocasión con ropa blanca impecable para que todo tu ethos marque tu intención.

5. **Planifica tus palabras.** Escribe tu invocación y utiliza palabras positivas y edificantes. Dilas claramente y con energía para que los espíritus sepan que tus intenciones son verdaderas.

6. **Agradece a los espíritus su atención.** Debes repetir la invocación tantas veces como sea necesario, y sabrás cuando el ritual ha funcionado. Una vez cumplida la intención, agradece a los espíritus su amor y energía y medita para recuperar tu conexión con el mundo físico.

Y por último, el sexto elemento. Sigue leyendo.

El elemento del vacío

Este elemento es la versión brujeril de la teoría del Big Bang. El vacío oscuro del que procede todo. En términos mágicos, es el pistoletazo de salida que señala el comienzo de la carrera. Aporta energía e intención a la manifestación y reconoce el poder del vacío.

Hay varias formas de incorporar el elemento del vacío a tu arte. Puedes simbolizar su presencia con una vela negra o un recipiente negro vacío en tu altar, o invocarlo directamente con un canto.

Canto para invocar al Vacío

"Invoco a la parte oscura y sin forma del universo que dio origen a la energía eterna para que se aporte a mi trabajo. Me sitúo en la encrucijada de la magia y la potencialidad y pido que mis palabras creen el éxito. Que así como hablo, así sea".

Estos seis elementos son tus piedras angulares para la brujería y estarán a tu lado cuando los necesites. Recuerda su poder colocando un pentagrama cerca de tu altar. Las cinco puntas representan los cinco primeros elementos, y los espacios te recuerdan el vacío.

Capítulo 4: Dioses y diosas en la brujería

Muchas brujas eligen trabajar con poderes superiores para que les ayuden en su oficio. Utilizan estas conexiones igual que las amistades en la vida normal y a menudo tienen deidades relacionadas o asociadas con diferentes religiones y creencias. Al igual que con las amistades normales, necesitas comprender las características de estas deidades y cómo funcionan. Con este conocimiento, puedes elegir deidades que se adapten a tu personalidad y creencias, aquellas que trabajen contigo a un ritmo que os convenga a ambos. Elegir estas deidades y poderes es tan importante como elegir las herramientas o hierbas adecuadas para tu magia.

Empecemos por las deidades wiccanas. Los wiccanos son generalmente politeístas, lo que significa que adoran a más de una deidad e invocan a muchos dioses y diosas para acercarse al espíritu divino del universo. En las creencias wiccanas, el espíritu divino es el centro mismo de su magia, y todos los caminos conducen a esta fuente última.

El espíritu divino es incomprensible para la concepción humana. Los wiccanos utilizan deidades para filtrar el espíritu divino en rasgos y características que podamos comprender. Todas ellas representan ciertos aspectos del espíritu que ayudan a formarse una imagen más amplia y a comprender mejor el espíritu divino y lo que significa.

La triple diosa wiccana

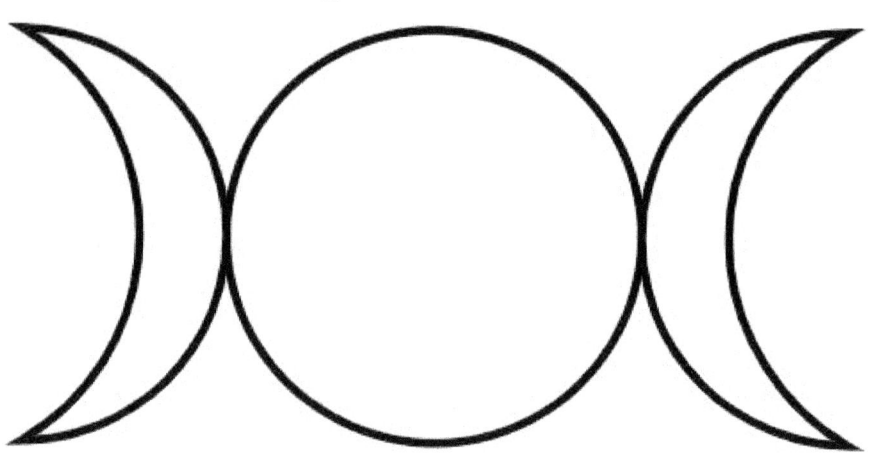

El símbolo representa los tres ciclos de la feminidad: la doncella, la madre y la arpía'

El símbolo de la diosa triple es una luna llena acompañada de la luna creciente y menguante. La diosa tiene tres identidades distintas y representan los tres ciclos de la feminidad. La doncella, la madre y la arpía son las tres representaciones de la feminidad.

La doncella

La bella joven que empieza a vivir su vida adulta. Representa las oportunidades de la vida y el inicio de nuevos comienzos. Las brujas invocan a la doncella en hechizos de purificación y bendición.

La madre

En esta etapa, la diosa se ha convertido en la encarnación de la feminidad y es el símbolo de la fertilidad y la vida. La diosa es invocada en rituales que bendicen a los niños o promueven la fertilidad, y también es llamada para dar guía y sabiduría. Los wiccanos creen que esta etapa de la diosa es tan importante como su verdadera madre.

La Arpía

En la sociedad normal, las mujeres mayores se asocian a menudo con la fragilidad y la debilidad, pero los wiccanos creen lo contrario. Reconocen la importancia de la experiencia y la sabiduría e invocan a la arpía para que traiga conocimientos del mundo espiritual. Los wiccanos creen que la arpía está en la cima de su poder y que es la fuente del poder eterno y del desarrollo psíquico.

El Dios Cornudo

Mientras que la triple diosa es la representación femenina de la Wicca, su contrapartida masculina es el dios con cuernos. Está estrechamente relacionado con el inframundo y a menudo se le invoca en ritos funerarios y para comunicarse con los muertos. El dios cornudo tiene cuernos y puede parecer aterrador y maligno, pero es una deidad benévola que actúa como guía y protector. La muerte es una parte normal de la vida, y los wiccanos la aceptan y utilizan al dios cornudo para que les guíe al inframundo.

Algunas personas relacionan al dios cornudo con el concepto cristiano del diablo, pero se trata de una conexión falsa. El dios con cuernos era adorado por los paganos mucho antes de la era del cristianismo, y precede al Diablo en siglos. Es un protector, representa la figura del padre omnipotente y es un poder de la naturaleza.

El Señor y la Señora Wicca

Simbolizados por el aspecto femenino del sol y la energía masculina de la luna, el señor y la señora son representantes de la dualidad de la naturaleza. Simbolizan cómo las energías masculina y femenina se combinan para crear la magia. En las ceremonias wiccanas, el sumo sacerdote y la sacerdotisa suelen adoptar los papeles del señor y la señora.

El único

Técnicamente no es una deidad, El único es más bien un océano cósmico donde se originan todas las cosas vivas y espirituales. Los wiccanos creen que toda la vida procede del único y no lo invocan ni lo veneran como a una deidad. En cambio, utilizan la energía del único para inspirar su trabajo y crear una magia más eficaz.

Dioses y diosas para brujería

A veces, elegir determinadas deidades con las que trabajar puede resultar difícil y abrumador. Hay tantas religiones y sistemas de creencias entre los que elegir que es difícil saber por dónde empezar. La siguiente lista te ayudará a iniciar el proceso y te conectará con algunas de las deidades más accesibles utilizadas por brujas y otros practicantes de magia.

Adonis y Afrodita - La pareja poderosa original; deidades griegas de gran poder. Pueden ayudarte con hechizos para el amor y la pasión, aportando pureza a tus hechizos.

Adonis y Afrodita[5]

Artemisa y Apolo - Deidades hermanas gemelas que funcionan bien en la magia lunar.

Artemisa y Apolo[6]

Atenea - La diosa griega de la caza aporta fuerza y valor a tu oficio.

Atenea, diosa de la caza[7]

Bast - La diosa egipcia de los gatos; fuente de astucias y conocimientos felinos.

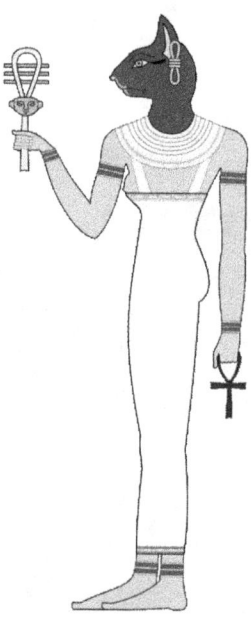

Bast, diosa de los gatos[8]

Belenus o Bel - Dios gaulista de la luz y el sol, este dios celta se representa a menudo con su caballo y tiene poderes relacionados con las fuerzas equinas.

Bel, dios de la luz y del sol⁹

Brigid - La diosa celta de la fertilidad y la inspiración, invocada para los ritos de fertilidad y la bendición de los hijos.

Brigid, diosa de la fertilidad y la inspiración[10]

Cerridwen - Diosa galesa de la luna y la cosecha; aporta abundancia y prosperidad a la magia.

Cernunnos - Dios celta de la fertilidad y la naturaleza. Representa el inframundo y se le suele representar con cuernos y pezuñas.

Cibeles - La diosa griega de los espeleólogos naturales, especialmente eficaz en hechizos y rituales realizados en la naturaleza, sobre todo en cimas de montañas y cuevas.

Deméter - Diosa griega de la fecundidad. Trae buena suerte, prosperidad y abundancia, sobre todo en hechizos y rituales para las cosechas y la agricultura.

Cerridwen, diosa de la luna y la cosecha[11]

Diana - La diosa romana de la caza. Diana es una poderosa deidad femenina que aporta valor, esfuerzo y amor a la magia.

Dríadas - Son espíritus de los árboles que aparecen en la mitología griega. Son representaciones femeninas del espíritu libre y la alegría. Aportan ligereza y alegría a tu magia.

Dríadas[12]

Flora - La diosa romana de la primavera. Su energía se utiliza a menudo en la magia del renacimiento y en hechizos para nuevos comienzos. Es una diosa joven y vibrante, llena de amor y alegría.

Fortuna - La diosa romana del destino. Invócala cuando hagas adivinación o quieras ver qué te depara el futuro. Es un espíritu benévolo que trabajará contigo para cambiar tu destino y mejorar tu futuro.

Freya - También conocida como Frigg, es la diosa nórdica de la creencia Asatru, consorte de Odín y líder de las Valquirias. Gobierna como reina de Asgard y es la diosa más importante de las creencias nórdicas.

Hathor - La diosa egipcia del cielo. Es especialmente eficaz en la magia realizada por mujeres. Su energía protectora se utiliza para mantener a salvo a las mujeres y les aporta fertilidad y seguridad. A menudo se la representa con forma femenina y cabeza de vaca.

Hera - Esposa de Zeus, Hera es la diosa griega del matrimonio y las relaciones. Es una de las diosas más eficaces de la mitología griega y puede invocarse para aportar energía femenina.

Hestia - La diosa griega del hogar. Invócala cuando realices hechizos y rituales en tu hogar para protegerte de las energías invasoras.

Inanna - La diosa sumeria del Cielo y de la ley divina. Es una poderosa fuerza sexual y es especialmente eficaz en asuntos de amor y ley.

Isis - El equivalente egipcio de la triple diosa de la Wicca. Tiene las mismas tres etapas que la triple diosa.

Jano – Dios romano de las entradas y las transiciones. Es especialmente eficaz en hechizos, para nuevos comienzos y para proteger el equilibrio emocional.

Kali - La consorte de Shiva y una poderosa fuente tanto de destrucción como de creación. Invócala para desterrar a tus enemigos o para que te ayude a iniciar nuevas actividades.

Mayet - La diosa egipcia de la justicia, la verdad y los asuntos legales.

Morrigan - El equivalente celta de la diosa triple, muy asociada a la muerte y la guerra. Se la representa como un cuervo y posee oscuros poderes mágicos.

Musas - En la mitología griega, las Musas son diosas de la literatura, la ciencia y las artes. Hay nueve musas, y se las puede invocar como equipo espiritual para ayudar a que tu magia sea más eficaz.

Kali, consorte de Shiva y poderosa fuente tanto de destrucción como de creación[13]

Nike - La diosa griega de la victoria. Su poder es efectivo para la magia dedicada a la velocidad y el éxito. A menudo se la representa con alas y es un símbolo eficaz del arte y el deporte.

Nornas - En la mitología nórdica, las Nornas son las guardianas sagradas del árbol de la vida, Yggdrasil, y son eficaces, protectoras y controlan el destino de todos los seres humanos. Extraen agua del pozo de la creación para alimentar el árbol sagrado y son poderosas entidades espirituales femeninas.

Las Nornas: guardianas sagradas del Árbol de la Vida[14]

Nut - Diosa egipcia del cielo y protectora. Se la representa a cuatro patas cubriendo la Tierra y protegiendo a la humanidad.

Perséfone - La diosa griega del inframundo. Invócala para que te ayude a superar el duelo y guíe a tus seres queridos al más allá.

Selene - La diosa griega de la luna.

Venus - La diosa romana del amor que es especialmente poderosa en hechizos para el amor, la lujuria, la pasión y las relaciones.

Vesta - La diosa romana del fuego, tanto doméstico como ritual.

Cómo invocar o evocar a los dioses y diosas

Una pregunta habitual sobre brujería se refiere a la invocación y la evocación de deidades. Como las palabras suenan parecidas, algunos principiantes piensan que las dos prácticas son intercambiables cuando, en realidad, es todo lo contrario. Cuando empiezas a trabajar con deidades, debes tener mucho cuidado y entender exactamente con qué estás trabajando.

Evocar es la práctica de pedir a una deidad que se una a ti durante un ritual o hechizo de trabajo para que puedas beneficiarte de su sabiduría o energía. Su participación es externa y no puede perjudicarte. La evocación puede realizarse mediante una simple pregunta u ofrenda. Por ejemplo

"Salve Venus, te pido que te unas a mi círculo sagrado esta noche y formes parte de mi ritual para el amor y la pasión; te traemos esta copa de vino para mostrarte nuestro amor y respeto".

Entonces esperas que la diosa escuche tu súplica y se una a ti para tu hechizo.

La invocación es una forma de posesión voluntaria en la que la deidad se manifiesta a través de tu forma humana. Esto es mucho más complicado que pasar el rato con tus deidades favoritas y solamente debe ser realizado por brujas experimentadas. Aunque la posesión siempre es temporal, es una buena idea que los principiantes practiquen la evocación antes de lanzarse directamente a invocarla.

Guía de sentido común para invocar deidades

Una vez que te sientas preparada para trabajar con las deidades, es importante que sepas qué preparación tienes que hacer. No intentes trabajar con más de cuatro deidades cuando empieces, necesitas llegar a conocerlas, y ellas necesitan llegar a conocerte a ti también. Se trata de ser respetuosa y honorable, así como de construir una relación entre ambas partes, por lo que elegir demasiadas deidades podría resultar confuso.

Otros preparativos antes de invocar a una divinidad

- **Investiga y estudia la deidad elegida.** Conoce los mitos en los que aparecen, sus características y su personalidad. ¿Cuáles son sus puntos fuertes y qué aportarán a tu vida?
- **Busca formas adecuadas de dar la bienvenida a tu deidad.** ¿Qué adornos debes utilizar para darles la bienvenida a su espacio? Símbolos y figuras apropiados de sus creencias culturales.
- **Elige las ofrendas y libaciones** adecuadas para la deidad elegida.
- **¿Cuáles son sus animales favoritos o los objetos sagrados** que aparecen en sus mitos?
- **Documenta e investiga** los hechizos o rituales personales de la deidad.
- **Mira dentro de tu psique** y sé sincera sobre la conexión que sientes con la deidad.

El último punto es el más importante. Necesitas sentir una conexión real y el deseo de trabajar con la deidad que has elegido. Los seres sagrados no están en el mercado de las relaciones casuales, y no responderán a un tibio *"Hola, ¿cómo estás?"*, porque están ocupados. ¿Estás eligiendo a esta deidad en particular por las razones correctas o solamente porque es genial y popular? Los seres sagrados a los que invocas se toman en serio lo que hacen y solamente responderán a personas que estén en su misma onda.

Otra cosa que hay que recordar es que son ellos los que mandan. Si tu deidad está ocupada, podrías acabar en un sistema de llamada en espera, esperando mucho tiempo una respuesta, solamente para que te digan que no. Así es el universo cuando se trata de nuevas energías; puede que tengas que intentarlo varias veces antes de lograr la conexión.

¿Por qué harías toda esa preparación? Pregúntate si te acercarías al azar a un desconocido en la calle y le pedirías ayuda. ¿Llamarías a la puerta de un desconocido y le pedirías que formara parte de tu vida?

Es un poco grosero, por no decir peligroso, así que simplemente no debería ocurrir. La magia no es descuidada; no debes escatimar esfuerzos porque todo el proceso podría descontrolarse. No basta con tener buenas intenciones, hay que ser minuciosa y respetuosa con los poderes con los que se trata.

Ritual para invocar a un dios o una diosa

Ahora estás preparada para iniciar el proceso. Has elegido a tu deidad, estás segura de tu intención y está mental/físicamente preparada para conectarte. ¿Qué debes hacer a continuación?

En primer lugar, debes limpiarte espiritual y físicamente. Date un baño ritual con hierbas limpiadoras y sal marina y déjate secar de forma natural, no apresures el proceso utilizando toallas. Medita antes de empezar el ritual y vístete con ropa sencilla de algodón blanco.

Ahora debes pedir protección. Pide a los espíritus que te mantengan a salvo, e imagina que una brillante luz blanca te rodea mientras sientes su amor y su calor. Ahora que tu cuerpo está protegido, es hora de crear un espacio sagrado para tu ritual de invocación y hechizo. Coge 40 velas y colócalas en círculo a tu alrededor. Siéntate en el centro del círculo y di lo siguiente:

"Al presentarme ante ti, espíritu todopoderoso, te pido la sabiduría necesaria para comprenderte. Dame acceso a tu reino y concédeme un paso seguro al dominio interior. Te pido permiso para entrar en tu plano y conectar con la deidad que he elegido".

Te sentirás diferente cuando te den acceso e inmediatamente te sentirás más ligera e incisiva. Podrías empezar a ver imágenes del reino espiritual y sentir cómo cambia el aire a tu alrededor. Una vez que hayas traspasado el umbral, tus niveles de energía se dispararán y podrás empezar a buscar las respuestas que buscas.

La siguiente parte de la invocación es increíblemente personal, y el único consejo que necesitas es seguir tu instinto y sumergirte en la experiencia. Utiliza tu sinceridad y tu amor por las deidades para conectar con ellas. No hay palabras formales que cubran esta conexión; las palabras que utilices vendrán a ti y se originarán en tu deseo y necesidad de su ayuda.

Una vez que hayas conectado con las deidades y los espíritus, es hora de terminar el ritual. Agradece a las deidades y a los espíritus su tiempo, su ayuda y su cooperación. Agradece las respuestas que has recibido y no te preocupes si no se han respondido todas tus preguntas. Esto inicia una relación de por vida con el universo divino y los seres superiores que lo ocupan.

Cómo lanzar un hechizo de invocación

Este es un hechizo que puede ser usado para atraer espíritus, deidades, dioses y diosas. Abre las líneas para que llegues al mundo espiritual. Lanza este hechizo un miércoles de luna llena o luna nueva para obtener los mejores resultados.

Lo que necesitas:

- Una ofrenda para la deidad - investiga para saber qué es lo apropiado
- Vela plateada (blanca si no tienes una plateada)
- Barrita de salvia
- 1 taza de sal marina

Prepárate para el hechizo como lo harías para el ritual, bañándote y vistiéndote de blanco. Forma tu círculo de protección con sal e invoca los cuartos cardinales para una mayor protección. Enciende la varilla y úsala para limpiar la zona y a ti mismo, luego déjala encendida en el círculo. Coge la vela y un soporte y colócalos en el centro del círculo mientras lo rodeas con los regalos que tienes para la deidad. Cierra los ojos y respira profundamente antes de decir lo siguiente:

"Te invoco (inserta el nombre de la deidad) y te espero con la mente abierta y el corazón agradecido,

(Nombre de la Deidad) Te invoco con mente abierta y espíritu dispuesto,

(Nombre de la Deidad) Te ofrezco estos regalos para honrarte y hacerte sentir bienvenida en mi mundo,

Visítame y comparte tu sabiduría y conocimientos. Guíame en mi oficio".

Cuando sientas que el hechizo ha terminado, agradece a la deidad su atención y deja que la vela se consuma de forma natural. Durante los días siguientes, sentirás la sensación de la energía de la deidad en tu cuerpo, oirás voces, y verás imágenes que proceden de la energía de la deidad.

Lo esencial es confiar en tus instintos y seguir el camino que se te muestra. Los sentidos normales son redundantes en la magia, por lo que debes recurrir a tu instinto y creer lo que te dicen. Usa tu mente y tus emociones para guiarte y entrégate al proceso.

Capítulo 5: Las cartas del Tarot

Las cartas del Tarot son un camino para revelar las lecciones de la vida[15]

En el pasado, las cartas del tarot se tachaban de falsas, y la imagen de un adivino poco fiable que ganaba dinero a costa de los tontos que querían saber qué les deparaba el futuro era un concepto erróneo pero muy popular. Hoy los usuarios saben que no es así. Las lecturas de las cartas del tarot son mucho más que adivinación y cartomancia, según lo que éstas expresan. Son un mapa de tu alma y una forma de ver la historia de tu vida. Algunas personas ven el tarot como imágenes en una baraja de cartas con significados definidos y como una simple diversión. Los verdaderos creyentes saben que es un camino para revelar las lecciones de la vida y una clave para acceder a la sabiduría universal y adquirir conocimientos.

El Tarot es una poderosa herramienta para expandir tu conocimiento interior y ser más consciente de lo que sientes. Haz preguntas y obtén respuestas que reflejan la sabiduría del universo entrelazada con tu poderosa conciencia.

Breve historia del Tarot

Se cree que las cartas de tarot más antiguas datan de 1440 y fueron creadas para el duque de Milán. Se cree que en un principio se utilizaban para jugar, no para adivinar el futuro, y que estaban pintadas a mano y adornadas.

El juego se extendió rápidamente por el resto de Europa y se convirtió en un elemento básico de los hogares ricos. Durante los 300 años siguientes, los ocultistas lo utilizaron como herramienta de adivinación. Las imágenes se relacionaban con el antiguo Egipto, la astrología y las cartas ilustradas alternativas. La baraja se convirtió en las cartas del tarot conocidas hoy en la década de 1970, cuando un creciente interés por el psicoanálisis vinculó los significados de las cartas con la ciencia.

El movimiento New Age de los años 70 hizo que la cultura y las creencias populares difundieran el uso del tarot, y el interés creció. Hoy en día hay miles de barajas entre las que elegir, y el tarot se está convirtiendo en una forma primordial de meditar y reflexionar sobre tu estado personal. Las cartas pueden utilizarse para crear un plan de vida en función de lo que ya sabes y de lo que las cartas pueden decirte.

Cómo elegir tu primera baraja de Tarot

En primer lugar, vamos a deshacernos de la mayor idea errónea sobre las barajas de tarot. Existe la superstición de que la primera baraja nunca debe ser comprada por uno mismo, sino que debe ser un regalo de otra persona. Esto es mentira y un cuento de viejas. Comprar tu primera baraja es emocionante, pero puede resultar abrumador. Hay muchas barajas entre las que elegir, así que aquí tienes algunos consejos que te ayudarán a empezar tu viaje.

- Explora las imágenes de las barajas y déjate guiar por tu instinto.
- Recuerda elegir tu baraja en función de tu nivel de experiencia; las barajas para principiantes son más fáciles de usar y pueden facilitarte el proceso.
- ¿Quieres utilizar cubiertas tradicionales o más modernas?
- ¿Dónde vas a utilizar las cartas?
- ¿Es el tamaño adecuado y práctico?
- Elige una baraja de calidad en función de tu presupuesto.

Si estás ansiosa por empezar, hay barajas imprimibles disponibles en línea. Con ellas podrás iniciar tu viaje por el tarot en cuestión de minutos.

Familiarízate con la cubierta

Todas las barajas tienen 78 cartas, y estas se dividen en 2 grandes grupos.

Los Arcanos Mayores constan de 22 cartas, empezando por la carta del tarot del Loco, la número 0, y llegando hasta la carta del tarot del Mundo, la número 21. Trabajan juntas para formar una historia conocida como el Viaje del Loco, durante el cual se pueden aprender lecciones de cada arquetipo dentro de los Arcanos Mayores.

Los Arcanos Menores contienen el resto de las cartas y contienen 4 palos de 14 cartas cada uno. Son las Copas, los Pentáculos, las Espadas y los Bastos.

El palo de Copas

Todas las cartas de este palo están relacionadas con el elemento agua y con asuntos del corazón. Las cartas de este palo muestran conexiones emocionales y cómo te relacionas con tu entorno.

El palo de Pentáculos

Todas las cartas de este palo están relacionadas con el elemento tierra. También se las conoce como cartas del dinero y tratan de tu prosperidad y logros. Responden a preguntas sobre tu carrera, decisiones relacionadas con el dinero y asuntos financieros. Es tan importante obtener respuestas a las cuestiones materiales como a las emocionales.

El palo de espadas

Todas las cartas de este palo están relacionadas con el elemento aire. Estas cartas hablan de comunicación y acción. Las cartas aparecerán en una lectura cuando necesites que te recuerden que debes usar la cabeza en lugar del corazón. Si recibes una carta de Espadas, deberás prestar atención a tu entorno y tener cuidado con los conflictos y discusiones que se están gestando bajo la superficie.

El palo de bastos

Estas cartas están relacionadas con el elemento fuego. Representan la pasión y la inspiración e indican la necesidad de ser creativo e iniciar nuevos proyectos. Estas cartas añaden calor a tu vida y aportan una explosión de energía que te inspira a actuar mejor. Te animan a examinar tus creencias fundamentales y a seguir un camino que se adapte a tus necesidades. Las cartas de bastos no son pasivas. Son petardos diseñados para encender tus fuegos internos.

Esto es solamente el inicio de tu comprensión del tarot y lo que las cartas tratan de decirte. La información anterior es como un alfabeto básico, y aprender tarot es como aprender un nuevo idioma. Todas las cartas tienen múltiples significados, que cambian dependiendo de las otras cartas en una tirada. Cada carta representa palabras individuales, y cuando se usan juntas, empiezan a formar frases. Es como cuando empiezas a hablar un idioma nuevo, y empiezas a reconocer los matices e inflexiones que pueden influir en el significado y cambiar el estado de ánimo del mensaje.

Cómo entender su baraja

Como principiante, es tentador elegir tiradas de varias cartas, pero esa no es la forma correcta de empezar a entender tus cartas. Los principiantes necesitan aprender a andar antes de poder correr, y esto implica sacar una sola carta al día y seguir los pasos que se indican a continuación:

1. Piensa en tu pregunta. ¿Qué es lo que más te preocupa? ¿tienes alguna pregunta práctica que necesitas responder?
2. Cierra los ojos y visualiza tu pregunta, así como la manera en que pueden manifestarse las distintas respuestas o qué puede ocurrir con los múltiples resultados.
3. Abre los ojos y saca una carta de tu baraja.

4. Estudia detenidamente la carta.

¿Qué carta te ha tocado y de qué parte de la baraja procede? Utiliza la información anterior para obtener el significado básico de tu carta.

Estudia las imágenes y mira más allá para ver el significado oculto. ¿Hay alguna otra carta que quisieras ver junto a la tuya? ¿Qué significaría en una tirada convencional? Si sacas la carta por la mañana, llévatela contigo el resto del día para sentir su presencia. Saca la carta, estúdiala siempre que puedas y observa si tus sentimientos cambian a medida que avanza el día.

Por la noche, duerme con la carta bajo la almohada y observa qué sueños tienes. ¿Están relacionados con la carta y sus significados percibidos, o son completamente diferentes? ¿Te dicen tus sueños que cambies tu percepción o confirman tus pensamientos iniciales? Al día siguiente deberías empezar a ver señales relacionadas con la carta y a conectar el mensaje. Con el tiempo te darás cuenta de que estas cosas no ocurren por casualidad.

Repite el proceso hasta que sientas que tienes una comprensión más profunda de la baraja y de lo que significan las cartas. Instintivamente, sabrás cuándo empezar a usar tiradas en lugar de cartas sueltas y dejar que las cartas trabajen para crear historias para ti.

Tiradas populares para principiantes y usuarios avanzados

Ya sabes que el tarot se basa en los instintos, pero también influyen los datos que recibes y cómo se obtienen. Elegir un patrón para representar tu tirada es el primer paso para desencadenar el proceso. Este capítulo trata de las lecturas para ti mismo y no para otras personas, ya que es la forma clásica de comenzar tu viaje. Nunca debes hacer lecturas para nadie más hasta que sientas que has alcanzado un nivel experto.

La Clásica Tirada de Tres Cartas

En esta lectura, tú eres tanto el lector como el consultante, por lo que planteas y respondes a las preguntas. La tirada de tres cartas más común incluye el pasado, el presente y el futuro y comienza con la primera carta, que establece la intención y el tema de la respuesta que se está indicando.

La segunda carta establece la naturaleza de la pregunta y la posición actual de sus emociones o situación práctica. Se coloca junto a la primera carta antes de sacar la tercera. Esta tercera carta sugiere el resultado probable y cómo se presenta el futuro.

Una vez colocadas las tres cartas, utiliza tu intuición para descifrar el significado y de qué trata realmente tu pregunta.

La tirada de tres cartas Mente, Cuerpo y Espíritu hace lo mismo que la tirada pasado, presente y futuro, pero se centra más en añadir equilibrio a una lectura. La primera carta representa el estado actual, la segunda las energías que se aproximan y la tercera es un consejo para cada reino.

La Tirada de Cinco Cartas

Esto amplía la tirada de tres cartas para incluir aún más información y añade niveles adicionales a las respuestas que puedes encontrar. Las tiradas de tarot de cinco cartas te ayudan a llegar al meollo de la cuestión.

La tirada debe formar una cruz con las tres cartas originales del pasado, presente y futuro formando el travesaño. Las otras dos cartas se colocan a los lados para formar la cruz. Las tres cartas centrales muestran el potencial, mientras que las cartas adicionales indican las posibilidades más brillantes y más oscuras de la situación.

El rectángulo

Saca la primera carta de la baraja y colócala sobre la mesa. Esta es la carta temática con la que se relacionarán las otras cuatro. Colócala en el centro y saca otras cuatro cartas para formar un rectángulo alrededor de la carta principal. Las cuatro cartas representan las herramientas que hay que utilizar, una lección que hay que aprender, la perspectiva de otra persona y cualquier posible conflicto o temor.

La Cruz Celta

Esta tirada utiliza diez cartas y es una extensión de la tirada de cinco cartas. La primera carta representa tu papel en la pregunta, y la segunda es un obstáculo al que te enfrentarás para revelar la respuesta. La segunda carta cruza la primera y forma el centro de la cruz.

La tercera cruz representa el fundamento de la cuestión que se encuentra en el pasado. La cuarta carta se coloca a la izquierda de la cruz y representa un acontecimiento que está sucediendo en el presente y que afecta a la cuestión.

La quinta carta se extrae y se coloca encima de la cruz para representar el potencial de éxito y un resultado favorable, mientras que la sexta es algo que ocurrirá en el futuro y que provocará un resultado.

Una vez formada la cruz, es el momento de añadir cuatro cartas adicionales que representen otros tantos datos que ayuden a abordar el tema.

La carta 7 está relacionada con experiencias y actitudes pasadas que pueden estar afectando al tema de la pregunta.

La carta 8 se refiere a las fuerzas externas y a su influencia en el problema. ¿Existen energías negativas en juego, o podrían las personas que te rodean influir en tu forma de abordar el problema?

La carta 9 representa tus miedos y esperanzas. Te mostrarán tus sentimientos subconscientes sobre temas, algunos de los cuales han estado ocultos a la vista.

La carta 10 representa el resultado probable. Te da la oportunidad de aceptar tu destino o de hacer algo para cambiarlo.

Se trata de una tirada bastante avanzada y puede resultar confusa para los principiantes. Al igual que cualquier otra habilidad o don, cuanto más practiques, mejor te volverás. Al igual que aprender un nuevo idioma, la lectura del tarot es un proceso eterno, y aprenderás más cada vez que las utilices.

Preguntas frecuentes sobre el Tarot

Q1. ¿Necesito ser vidente para leer las cartas del tarot?

No. Tienes que aprender a confiar en tu intuición y en la interpretación de las cartas para guiarte y leer con eficacia. Por supuesto, algunas personas tendrán habilidades psíquicas naturales, lo que significa que son más eficaces que otras, pero no es esencial ser psíquico para leer las cartas.

Q2. ¿Cualquiera puede aprender a leer el tarot?

Sí, se puede. Como en la pregunta anterior y como en la vida normal, algunas personas estarán más en sintonía con las cartas y tendrán una afinidad natural con ellas, pero con práctica y dedicación, cualquiera puede aprender a leer las cartas.

Q3. ¿Se necesita intuición para leer las cartas del tarot?

Algunas personas confían en que las cartas les darán una lectura clara, basándose únicamente en la tirada y en las preguntas a las que responden. Esto puede conducir a una lectura seca sin ningún margen de maniobra, pero si se tiene en cuenta la intuición, se obtiene una lectura más eficaz y fiable que le da una conexión más profunda con las cartas.

Q4. ¿Es mi intuición falible?

Al igual que todos tus instintos, la intuición puede llevarte por mal camino. Incluso los lectores expertos pueden dejarse engañar por los signos y símbolos que muestran las cartas y dar una lectura equivocada. Es importante saber que, aunque tu intuición es fundamental para tus lecturas, no es infalible y puede equivocarse.

Q5. ¿Se pueden utilizar las cartas del tarot para adivinar el futuro?

No. Ofrecen orientación y perspicacia, pero nunca debe confiarse en ellos para que le den consejos que cambien su vida. Si necesitas consejo profesional, búscalo. Está bien preguntar a las cartas del tarot su opinión sobre las cosas, pero confía siempre en los profesionales en ciertos asuntos. Las cartas pueden darte una idea del futuro y de las influencias en juego, pero no son una herramienta de predicción.

El Tarot puede ser una forma emocionante y poderosa de utilizar tu intuición para trabajar con la magia. Es una forma verdaderamente mágica de conectar con el universo y con tu yo interior. Esto es solamente un vistazo rápido al tarot, y si sientes una conexión con las cartas, podrías estar empezando una relación de por vida con tu baraja.

Capítulo 6: Adivinación rúnica

Se cree que los símbolos rúnicos encierran las claves del conocimiento, la sabiduría y el poder espiritual[16]

El folclore nórdico y germánico estaba lleno de magia y brujería; la existencia de las runas y sus poderes adivinatorios están arraigados en su historia. Las runas Elder Futhark son las más famosas de la historia, y se originaron en el siglo II y se utilizaron por más de seis siglos después. El alfabeto tenía 24 caracteres y solía tallarse en piedras y baldosas de madera. Como ocurre con la mayoría de las lenguas y formas de comunicación, el alfabeto fue cambiando y, en el siglo VIII, se redujo a una forma de 16 caracteres conocida como las runas Futhark jóvenes.

Las runas se utilizaban como forma de escritura y los nórdicos las empleaban para crear textos, pero los dioses y las Norns (las hadas nórdicas) creían que eran más mágicas que eso y las utilizaban para escribir en Yggdrasil, el árbol nórdico de la vida. Se utilizaban para contar historias sobre el destino de los hombres y los poderes de los dioses, considerándolas como formas mágicas y poderosas de adivinar el futuro.

Odín enseñó al pueblo nórdico a utilizar las runas para practicar la adivinación y a emplear símbolos mágicos para proteger sus hogares y sus armas. Las espadas y los escudos de la época nórdica llevaban runas grabadas para garantizar la seguridad del guerrero vikingo que los portaba. El uso de símbolos mágicos se generalizó y empezó a incluir más símbolos de la mitología, como la brújula nórdica y el yelmo de Pavor, pero las principales decoraciones se basaban en las runas.

La práctica de la adivinación con runas no está clara debido a la falta de pruebas escritas, y la mayor parte de la información sobre su uso procede del historiador romano Tácito, que escribió sobre la vida vikinga. Se cree que las runas se tallaban en objetos pequeños, como huesos y palos, y que el maestro rúnico los utilizaba para hacer una lectura. La mayoría de las pruebas sugieren que los maestros de runas solían ser mujeres, a las que se consideraba sabias guardianas de las runas. Formulaban una pregunta y luego arrojaban las runas sobre un espacio sagrado para obtener una visión del futuro, dependiendo de dónde cayeran las runas. Sin embargo, debido a la falta de pruebas, eso es todo lo que se sabe sobre esta práctica.

Adivinación rúnica moderna

El avance del cristianismo y de la lengua latina hizo que las runas pasaran a la historia durante mucho tiempo. Fueron utilizadas por algunas comunidades escandinavas aisladas, que las siguen utilizando en la actualidad. El resurgimiento de la magia rúnica comenzó en el siglo XVII, cuando un místico sueco asociado a la emergente tradición judía de la Cábala se inspiró en el uso de las runas con fines adivinatorios. Recibió la visita de espíritus que le enviaron visiones para inspirarle el uso práctico de las runas Futhark jóvenes.

Algunos maestros rúnicos modernos siguen utilizando las runas Futhark, pero la mayoría ha adoptado las runas Armanen, creadas a principios del siglo XX por el ocultista austriaco Guido von List. Se basó en los símbolos anteriores. Sin embargo, en los últimos cien años también se han adaptado y cambiado para adecuarse al lenguaje moderno. Los símbolos y sus significados deben reflejar cuestiones de la época, por lo que las interpretaciones más modernas tienen en cuenta este aspecto.

Significado de las runas

Como ya se ha dicho, los significados tienen sus raíces en la mitología nórdica y se han modificado para adaptarlos a las necesidades modernas. Aun así, muchos maestros rúnicos incorporan ambos en sus lecturas. Al igual que el tarot, las runas tienen múltiples interpretaciones basadas en cómo caen y qué otras runas las acompañan. La práctica se basa en la intuición y en lo que veas en las runas, pero los significados que aparecen a continuación te ayudarán a aprender a leer las runas y a adaptar tu pensamiento.

En la tabla siguiente se enumeran las runas con su forma fonética inglesa, cómo pronunciarlas y el significado de la runa:

F - Frey - Riqueza y opulencia

Frey, representa la riqueza y la opulencia[17]

U - Ur - Lluvia, precipitaciones de nieve

Ur, representa la lluvia, la nieve y las precipitaciones[18]

Th – Thur - Gigante, peligroso, angustia emocional

Thur, representa una angustia gigante, peligrosa y emocional[19]

A - As - El Dios Morse Odin, humedales, el reino de los cielos

Representa al dios nórdico Odín, los humedales y el reino de los cielos[20]

R - Reed - Cabalgar, velocidad, viajar, viaje

200-450 AD   450-550 AD   550-750 AD

Reed, representa un paseo, la velocidad, el viaje y el trayecto[21]

K - Kan - Muerte, enfermedad, cáncer, absceso

Kan representa la muerte y la enfermedad[22]

H - Hagal - Pasadizos, heladas, frío

Hagal representa el frío[23]

N - Naudr - Deseo, necesidad, barreras, obstáculos

Naudr representa el deseo, la necesidad, las barreras y los obstáculos[24]

I - Isa - Carámbanos, destrucción, frío extremo

Isa representa los carámbanos, la destrucción y el frío extremo[25]

A - Arr - Abundancia, cosecha, tiempos de abundancia

Arr representa la abundancia[26]

S - Sol - Energía solar, sol, calidez, calor

Sol representa la energía solar, el sol, la calidez y el calor[27]

T - Tur - Justicia, derecho, equidad

Tur representa la justicia, el derecho y la equidad[28]

B - Bjork - Nuevos comienzos, primavera, el abedul

Bjork representa los nuevos comienzos, la primavera y el abedul[29]

M - Madur - Humanidad, hombre, energía masculina

Madur representa la humanidad, el hombre y la energía masculina[80]

I - Logur - Líquidos, agua, naturaleza, cascadas

Logur representa los líquidos, el agua, la naturaleza y las cascadas[81]

R - Yur - El tejo, fuerza, tolerancia, resistencia

Yur representa el tejo, la fuerza, la tolerancia y la resistencia[82]

¿Crees en la adivinación?

En tiempos de los vikingos, era difícil concebir cuánta gente creía en el proceso y cuánta creía en el destino. El folclore nórdico está lleno de elecciones, y la religión de Asatru es única porque *no se adoraba a sus dioses*. Los seguidores de Asatru creían que sus deidades eran propensas a las debilidades humanas y cometerían errores igual que los humanos. Las historias de los dioses y diosas están llenas de incidentes en los que son engañados por mortales y otros seres inferiores.

Es importante reconocer cómo funcionan las lecturas de runas modernas y lo que pueden y no pueden decirte. Lanzar estos símbolos mágicos es divertido y una forma estupenda de conectar con la magia, pero nunca debe sustituir al sentido común y al consejo profesional. No utilices las lecturas para tomar decisiones que te cambien la vida basándote en sus respuestas. En su lugar, deberías utilizar las runas para ayudarte a comprender mejor lo que te dice tu subconsciente y lo que te sugiere el universo. Se utilizan para crear una "chispa divina" que te conecta con el poder de tu mente, cómo formas parte intrínseca del universo y cómo cada uno tiene un papel que desempeñar. La diferencia entre el tarot y las runas es el material utilizado para crearlas. El tarot es altamente personalizado, mientras que las runas están hechas de materiales físicos que forman parte del universo, como piedras, vidrio, madera y rocas.

Las runas a menudo insinúan una respuesta y te muestran el camino para seguir las pistas. El significado real de la palabra es susurro, secreto o misterio, dependiendo de lo que leas. Si tus preguntas tienen múltiples capas y necesitan una introspección más profunda, entonces las runas pueden ser más efectivas que el tarot, pero la elección es tuya. En las prácticas wiccanas, las runas se utilizan para proteger, así como para conectar con el reino espiritual para que te sientas más seguro en tus prácticas.

Cómo elegir tus runas

Al igual que los mazos de tarot, hay muchos juegos de runas diferentes. Hay juegos ornamentados que utilizan materiales como el vidrio, el cristal y el metal, y muchos juegos sencillos están hechos de madera o piedras. El material es tu elección, y puede que quieras empezar con algo sencillo. Si sabes trabajar bien con tus manos, puedes fabricar tu propio juego con guijarros o madera. De esta manera, puedes empezar a sentir una conexión inmediatamente, y tus runas estarán cargadas con tu energía.

Cómo guardar tus runas

Si compras tus runas, suelen venir con una práctica bolsa con cordón para mantenerlas limpias y seguras. Si has fabricado tus propias runas, puedes comprar bolsitas para guardarlas o crear una bolsa que se adapte a ellas. También puedes guardarlas en una caja decorada con símbolos y signos mágicos para mantener pura su energía.

Un paño rúnico puede utilizarse para pulir tu conjunto y mantenerlo libre de polvo y energía negativa. Como principiante, puede ser un simple plumero o un pañuelo de algodón blanco, pero a medida que empieces a formar una relación con tus runas, puede que quieras elegir algo más personal. La tela que elijas también puede servir de base para tu fundición y crear un límite para mantener fuera la energía negativa.

Cómo empezar a utilizar las runas

Elige un lugar para hacer la tirada que te resulte familiar y te aporte alegría y paz. Debes sentirte segura y relajada, o tu lectura se verá afectada por el estrés. Tómate diez minutos para despejar la mente y deshacerte de los desechos que te deja la vida cotidiana. Una vez que te sientas relajada y preparada para empezar, coloca el paño o el tablero rúnico en el suelo y empieza a pensar en la pregunta que estás formulando. Si tienes conexiones con energías superiores, invócalas para que se unan a ti y guíen tu lectura.

Al igual que con el tarot, debes empezar con runas sueltas para familiarizarte con el conjunto. Mete la mano en la bolsa, dibuja tu runa y colócala sobre la tela o el tablero. ¿Qué te dice? ¿Qué significa en relación con tu pregunta? Concéntrate en la runa y en lo que te dice.

Disposiciones y moldes de las runas clásicas
La disposición de las tres runas

Este sencillo reparto es perfecto para principiantes y te ayudará a iniciar tu viaje con las runas. Busca en tu bolsa y saca la primera runa. Colócala en tu tela o tabla con intención. Esta primera runa debe estar a la derecha del centro. Ahora tira la segunda runa y colócala en el centro antes de tirar la tercera hacia la izquierda.

Runa 1 - Representa la visión general de tu situación o pregunta. Es la opinión general de la runa sobre lo que está sucediendo y ayudará a establecer el escenario.

Runa 2 - Representa el desafío y los obstáculos que te esperan.

Runa 3 - Representa el curso de acción y lo que puedes hacer para superar estos obstáculos y tener éxito.

La disposición de las cinco runas

Esta ampliación de la disposición de tres runas incluye periodos de tiempo más específicos. La primera runa debe colocarse en el centro del paño, mientras que las cuatro restantes forman una cruz a su alrededor. La runa 2 debe estar en el punto oeste, la 3 en el norte, la 4 en el sur y la 5 en el este.

En esta lectura, las runas deben colocarse boca abajo y darse la vuelta por orden de colocación para obtener una lectura más eficaz. Las runas horizontales 2, 1 y 5 representan el pasado, el presente y el futuro, mientras que la runa 4 representa los elementos del problema y la runa 3 se relaciona con lo que debes hacer para resolver el asunto.

El reparto de las nueve runas

Este método es para lanzadores más experimentados, pero te da una respuesta más detallada y profunda a tus preguntas. Cuando utilices este método, debes profundizar en tus conocimientos espirituales y prepararte para la experiencia. Puedes conectar directamente con tus guías espirituales y pedirles que te guíen antes de realizar el lanzamiento y que te acompañen en la lectura. Puedes mejorar tu entorno con herramientas mágicas y una vela o dos. Vístete para la ocasión con una sencilla túnica blanca para que la lectura resulte más mágica.

Por supuesto, también puedes lanzar las runas normalmente en un lugar tranquilo que te conecte con el universo. La adivinación es más fácil cuando te sientes relajado y cómodo, por lo que tu entorno debe reflejarlo. Algunas personas se sienten más a gusto en un ambiente ruidoso, mientras que otras prefieren un entorno naturalmente tranquilo. Todos somos diferentes y la magia nos ayuda a celebrarlo.

Busca en tu bolsa y elige nueve runas al azar. Si las runas son grandes, utiliza las dos manos para elegirlas y sujétalas durante unos instantes. Ahora esparce las runas sobre tu tela o tablero mientras miras hacia arriba. Considera las runas y cómo han caído. Las que están cerca del centro se consideran las más importantes, mientras que las de la periferia son menos influyentes. Si las runas se tocan o están muy cerca, podrían ser runas complementarias que refuerzan su influencia. Si las runas están boca abajo, debes dejarlas así mientras estudias las que han caído boca arriba. Coge un cuaderno y anótalas para poder estudiarlas más tarde antes de dar la vuelta a las runas restantes. Acuérdate de colocar las runas que has volteado exactamente en la misma posición en la que cayeron para obtener la imagen global cuando las nueve runas estén en su sitio. Las runas que has volteado representan el futuro y otras influencias externas que podrían afectar a tus asuntos. También representan el potencial de nuevas posibilidades y oportunidades futuras.

El reparto de las tres norns

Se trata de otro sencillo reparto basado en las divinidades nórdicas conocidas como las norns. Las tres norns principales eran hermanas que vivían junto al Pozo de Ur y crearon el destino de la humanidad. Esta tirada de runas representa a las hermanas y te ayuda a ver diferentes aspectos de tu problema.

La primera runa debe ser lanzada para representar el pasado y cómo te afecta. ¿Tienes problemas de tu pasado que te han seguido hasta tu vida actual y te están afectando? La runa resaltará cualquier problema histórico.

La segunda runa te proporciona una comprensión más profunda de tus problemas y de cómo te afectan.

La tercera runa está en sintonía con el futuro y te mostrará cómo avanzar.

Existen cientos de disposiciones de lanzamiento y formas de utilizar las runas. Una vez más, debes usar tu intuición para guiarte hacia las disposiciones que te funcionen.

Tableros de reparto

Algunos practicantes prefieren utilizar un tablero decorado con símbolos nórdicos para dar más profundidad a sus repartos. En algunos casos, estos tableros son similares a los de la ouija, con letras y números y una zona dedicada al *Sí* y al *No*. Otros tableros se concentran en símbolos nórdicos como el cosmos nórdico, que puede representar las distintas áreas del universo nórdico. El reino central de Midgard representa el corazón de la lectura, mientras que los reinos interiores de Asgard y

Helheim representan las influencias psicológicas. Los reinos exteriores de Jotunheim y Muspelheim son las zonas desprejuiciadas del universo.

Los elementos también pueden crear un potente tablero rúnico. Elige un tablero y divídelo en cuatro secciones iguales. Pinta o colorea las secciones de blanco, rojo, azul y verde para representar respectivamente el aire, el fuego, el agua y la tierra. Dibuja un círculo mágico en el centro y decóralo con tus símbolos y signos favoritos. Cuando quieras un reparto detallado, simplemente esparce toda la bolsa de runas sobre el tablero.

Cómo cae cada runa te dirá algo diferente. ¿Están dentro o fuera del círculo? ¿En qué color están o caen en la línea divisoria? ¿Qué significan los elementos para ti?

Aire

En general, el aire representa la inteligencia y la creatividad. Es el elemento de los nuevos comienzos, y si tu runa cae en esta sección, se relaciona con tus problemas intangibles y cómo tratarlos. Es el elemento de la creatividad y de seguir adelante.

Fuego

El elemento fuego de la pasión y el amor puede significar eliminar impurezas y poner fin a hábitos perjudiciales. ¿Hay cosas que te frenan? Quémalas y sigue adelante. El fuego es el símbolo de la transformación, y tu runa aterrizará allí para significar tu fuerza interior y el calor de tu pasión.

Agua

Las cuestiones emocionales e inconscientes se tratarán en esta sección. El agua es uno de los dos elementos físicos y representa la capacidad de cambiar e interactuar. El agua llena los espacios con facilidad y se considera una señal natural para adaptarse y aceptar la situación.

Tierra

El segundo elemento físico es menos fluido que el agua y representa la estabilidad y los cimientos. La Tierra simboliza la fertilidad y los objetos materiales, y tu runa pondrá de relieve qué nuevos comienzos necesitas abordar. Es el elemento de la quietud y los finales, por lo que tu runa podría indicarte qué parte de tu vida ha terminado y cómo seguir adelante.

El círculo del tablero podría representar el otro elemento que hemos tratado antes, el elemento del espíritu. Si tu runa cae dentro del círculo, podría significar que es más personal y está relacionada contigo mismo, mientras que fuera del círculo podría significar que representa tu entorno.

Tus runas y tableros deben representar tu personalidad y tus creencias. Si te sientes inspirado por personajes de Disney o figuras de la literatura, entonces utilízalos para decorar tus tableros. No hay reglas fijas y para una rápidas adivinación rúnica; deberías alimentas tu intuición con tu inspiración, así que sé creativo y crea múltiples conjuntos para adaptarlos a la situación. Las runas y los tableros rúnicos son decorativos por naturaleza, así que utilízalos para decorar tu casa o espacio sagrado a fin de aportarles color y protección.

Capítulo 7: Adivinación con cristales

Cuando se piensa en la adivinación con cristales, la mayoría de la gente piensa en la bola de cristal, en una gitana mística, en una caseta de feria y en cuentos sobre lo que va a pasar. Las brujas modernas saben que la adivinación consiste en conectar con tu psique interior y con el universo, y entienden que uno de los materiales más eficaces son los cristales. Son increíbles por naturaleza y representan algunos de los aspectos más bellos de la naturaleza en su magnificencia.

Los cristales son poderosos y bellos, así que tu colección indicará claramente la forma en que trabajas y te conectas con el universo. ¿Te has dado cuenta de que algunas personas se parecen a sus mascotas? Pues elegir un

Los cristales representan algunos de los aspectos más bellos de la naturaleza en su magnificencia[33]

cristal tiene parecido con la elección de un cachorro. Debes sentir una conexión inmediata con él y estar preparado para cuidarlo, nutrirlo y atenderlo como harías con un niño o una mascota.

Cristales para mejorar la adivinación

Esta lista contiene solamente algunas sugerencias y te ayudará a elegir tu kit de iniciación a la adivinación.

Apofilita - Este cristal es el guardián de los Registros Akáshicos, el conocimiento de cómo serán todas las vidas y qué nos sucede a cada uno de nosotros. Este cristal te ayuda a romper la barrera entre el mundo físico y el espiritual y mantiene el cuerpo físico a salvo durante tus viajes astrales. Utiliza la apofilita para ayudarte con las experiencias extra-corporales y los viajes astrales.

La apofilita derriba la barrera entre el mundo físico y el espiritual[84]

Amatista - El cristal del tercer ojo y el representante de los chakras corona y corazón. Como la amatista está tan en sintonía con los chakras superiores, es la elección perfecta para los péndulos de adivinación. Cuelgue el cristal de una cadena y hágale preguntas con un tablero de respuestas o utilizando la izquierda y la derecha para indicar sí y no.

Aguamarina - Piedra clarificadora y saludable, las aguamarinas están conectadas con el elemento agua. Te ayudarán a concentrarte y a estar más en sintonía con tus habilidades psíquicas.

Azurita - Un cristal sintonizado con frecuencias extremadamente altas que te da el poder de mejorar tu tercer ojo y los chakras superiores de la corona. La azurita también se utiliza para hacer elixires de cristal para la curación física y las lecturas de energía. Remoja el cristal en agua para crear un elixir para beber antes de hacer lecturas de tarot o hacer contemplación de cristales, a fin de que aumente tu intuición y clarividencia.

La azurita puede mejorar tu clarividencia[35]

Berilo —El berilo dorado es una piedra muy eficaz para la adivinación y otros rituales mágicos.

Heliotropo (Piedra de sangre) - Este cristal facilita tus poderes de clariaudiencia para que puedas oír claramente a los espíritus y comprender su mensaje. También mejora los sueños y puede hacer que tus mensajes nocturnos sean más claros y directos.

Calcita - El cristal del viaje astral y las experiencias extracorporales. Úsalo cuando quieras cruzar el velo y canalizar tu propósito superior. Los espíritus se conectan a la calcita y utilizarán su energía para traer mensajes más claros y detallados.

Cornalina - Ayuda a la clarividencia y a la transición de los vivos al mundo de los espíritus. Utilízala en hechizos de adivinación para conectar con tus antepasados y recibir sus mensajes. La cornalina mejora tus habilidades psíquicas y desarrolla tus conexiones con tus guías.

La calcita puede ayudar con las experiencias extracorporales[36]

Celestita - Ayuda cuando necesitas recordar un sueño que parece importante, pero que se ha vuelto vago en tu mente despierta. Mejora la comunicación con el mundo espiritual y las energías superiores.

Fluorita - La forma púrpura o violeta de la fluorita mejora tus conexiones psíquicas y te ayuda a descifrar los mensajes psíquicos. Úsala en hechizos y rituales para tener una idea más clara de lo que los espíritus intentan decirte.

Diamante de Herkimer - Ayuda al usuario a conectarse con guías espirituales y recopilar información sobre sus vidas pasadas. Ayuda a la clarividencia y otros poderes psíquicos.

Los diamantes de Herkimer pueden ayudarte a conectar con los guías espirituales[37]

Iolita - Refuerza las habilidades psíquicas y puede ayudar a los usuarios a encontrar su botón psíquico y activar sus conexiones espirituales.

Jaspe - Aumenta la calidad de los sueños y añade habilidades proféticas para que el usuario pueda interpretar signos y símbolos del mundo de los espíritus.

El jaspe aumenta la calidad de los sueños[38]

Labradorita - Si quieres una piedra de principiantes para usar en adivinación, elige esta. Según la leyenda esquimal, la aurora boreal, el famoso fenómeno natural, fue una vez atrapado en las rocas a lo largo de la costa canadiense en un lugar llamado Labrador. Un famoso guerrero viajaba por la región y se dio cuenta de lo que estaba ocurriendo. Utilizó su lanza mística para liberar las luces y devolverlas al cielo. Como las luces habían estado atrapadas durante tanto tiempo, dejaron una hermosa marca en las piedras, y estas se convirtieron en el poderoso cristal de labradorita que conocemos hoy en día. Son las piedras más poderosas para la adivinación y ayudarán a todos tus sentidos y conexiones.

Lapislázuli - Una piedra importante para la protección y la mejora espiritual. Mejora el chakra del tercer ojo y aumenta la comunicación psíquica.

El lapislázuli es útil para la protección[39]

Malaquita - Este cristal funciona como un eficaz compañero de la azurita; juntos, los cristales dan fuerza extra e intuición psíquica.

Merlinita - Ayuda a viajar a través de vidas pasadas y obtener conocimientos adicionales de existencias anteriores. Ayuda al usuario a encontrar conocimientos que le ayuden a ascender y desarrollarse.

Piedra lunar - Vincula al usuario con la energía lunar y le ayuda a lograr mayores conexiones espirituales. Mejora los sueños lúcidos y los viajes astrales con una mayor intuición.

Obsidiana - La multitud de colores del cristal hace que la adivinación sea más detallada y proporciona lecturas mejoradas.

Ópalo - Tradicionalmente una piedra de mala suerte en la adivinación, ayuda al usuario a inducir visiones de seres superiores y aumenta la intuición.

El ópalo aumenta la intuición[40]

Cuarzo - Refuerza el chakra de la coronilla y potencia el tercer ojo, lo que significa que el usuario experimentará una mayor comunicación con los espíritus y los seres superiores.

Zafiro - Esta gema aporta diferentes cualidades según el color. El negro es intuitivo, mientras que el morado ayuda al usuario a mejorar el recuerdo de sus sueños. Los zafiros verdes aumentan las habilidades psíquicas y los azules potencian el chakra del tercer ojo.

Sodalita - Aumenta las experiencias psíquicas y aporta una comprensión más profunda de mensajes y visiones.

Turquesa - Esta piedra milenaria se ha utilizado durante miles de años para tender puentes entre los reinos físico y espiritual.

La turquesa puede tender un puente entre los reinos físico y espiritual[11]

Cómo usar los cristales en adivinación, sanación y conciencia espiritual

La adivinación con cristales puede realizarse de muchas formas, y puedes experimentar para encontrar el método que se adapte a tu estilo. Los videntes llevan generaciones utilizando cristales para predecir el futuro, y el proceso se denomina litomancia.

Radiestesia con péndulo y cristales

Ya en el antiguo Egipto, en las culturas hindúes y en la historia china, hay muchos registros de adivinación con cristales utilizando péndulos. Los cristales se sujetaban a una cadena y se mantenían en altura para conseguir vibraciones que indicaran el mensaje del más allá. Algunos videntes calibraban su péndulo estableciendo instrucciones claras sobre lo que indicaba cada movimiento. Dos empujones a la izquierda para el sí y dos a la derecha para el no, son la primera calibración.

Hoy en día, muchos practicantes utilizan ruedas de péndulo para obtener respuestas más claras y lecturas más detalladas. Crean una rueda de posibilidades que se divide en 18 secciones de 20 grados para crear 18 específicos diferentes para tus preguntas. Estas pueden incluir cualquier detalle que consideres relevante para las preguntas que tengas acerca de los espíritus y de cómo ellos responden.

Los cristales utilizados en el péndulo son específicos para las respuestas metafísicas que necesitas, por lo que utilizar el cristal pertinente aumenta las posibilidades de obtener una visión eficaz de tus problemas.

Qué cristal utilizar en tu péndulo:

- Los cristales de rosa son los mejores para las preguntas sobre el amor y las relaciones. Pregunta a los espíritus sobre tus almas gemelas y el amor verdadero y sobre cómo será tu vida amorosa en el futuro.

- Los cristales de amatista te ayudan a encontrar respuestas sobre tu destino espiritual y sobre cómo tu vida pasada está afectando a tu deuda kármica. Utiliza el péndulo para responder a las preguntas que te causan ansiedad y miedo para que puedas sentirte más tranquila y conectada con tus existencias pasadas y futuras.

- La sodalita te ayuda a mejorar tu comunicación y a lidiar con la energía negativa. Aumenta tu capacidad de comunicación y te conecta con los ángeles y tu equipo espiritual. Utilízala en un péndulo para liberar cualquier sentimiento de odio y celos, así como para recuperar tu equilibrio espiritual.

- La labradorita es el cristal de la Aurora Boreal y te ayuda a responder preguntas sobre tu destino. Representa el poder de la curación y la terapia onírica. Te ayudará a sentirte más enraizado en tiempos de caos y crisis.

- Los péndulos de jaspe rojo aumentan tu sensación de confianza y valentía. Utilízalos para pedir a los espíritus que te ayuden a sentirte más capaz de resolver conflictos sin sufrir daños y a traer la paz a tu vida.

- La turmalina negra te ayuda a sentirte protegido y a salvo de los ataques psíquicos. Si sientes que estás bloqueado psíquicamente, utiliza un péndulo de turmalina negra para abrir esos chakras bloqueados y reanudar todas las formas de conexión espiritual.

Cristales para espejismo

El espejismo es una forma de adivinación que consiste en mirar a través de superficies transparentes a fin de obtener tener visiones sobrenaturales. Quizá el método más tradicional sea la bola de cristal, que ya se ha mencionado. Sin embargo, los practicantes modernos saben que muchos cristales diferentes servirán para este propósito sin necesidad de comprar una bola. Los cristales absorben y almacenan la energía del universo y te ayudan a sintonizar con tu yo superior y con el mundo de los espíritus para obtener percepción y conocimiento.

La obsidiana negra es una elección natural para el espejismo. Con su profundo color negro, es una forma eficaz de ver imágenes. Para obtener resultados, prueba buscando a la luz de la luna nueva y mira fijamente el cristal a la altura de los ojos mientras meditas sobre lo que quieres que el cristal te muestre. Los resultados deberían incluir imágenes claras de qué espíritus y creencias subconscientes son los adecuados para ti.

El cristal de cuarzo es una opción clara para la adivinación y te ofrece claridad de visión en su superficie sin defectos. Prueba a buscar con poca luz, tal vez con una vela, e invita a los espíritus a que te muestren sus respuestas y sugerencias.

Los cristales de jade polar son una opción popular para el espejismo debido a la profundidad de la claridad que proporcionan. Durante generaciones, sanadores y buscadores se han referido a él como "La Piedra del Poder", y es eficaz en la protección y conexión con tu yo superior. Posee poderosas cualidades curativas y se utiliza para procesar ideas y mejorar la concentración.

El cuarzo ahumado es perfecto para los principiantes, ya que es un cristal calmante y enraízante que absorbe la energía negativa. Te mantendrá seguro y protegido durante tu adivinación y te ayudará a conectar con los espíritus de forma eficaz.

Cristales para la clarividencia

Iolita

También conocida como la brújula de los vikingos, la iolita fue una pieza clave en el descubrimiento del Nuevo Mundo por parte de estos, ya que reducía el resplandor y polarizaba la luz solar para que los marineros vikingos pudieran navegar con mayor eficacia. El elemento aire rige la iolita, aumentando su capacidad para desbloquear habilidades y destrezas latentes, incluida la clarividencia. Si uno se tumba en el suelo y se coloca un cristal de iolita en la frente, en el entrecejo, ayuda a potenciar la concentración y a mejorar la memoria.

La iolita también puede despejar la mente del parloteo mental y aumentar la capacidad de aprendizaje, al tiempo que ayuda a potenciar los niveles de energía. Utiliza un elixir de cristales de iolita y agua para llenarte de energía solar y positividad.

Cianita

Estos cristales te ayudan a mejorar tus habilidades de clarividencia y a equilibrar todos los chakras del cuerpo. Eliminará las toxinas de los mismos y te ayudará a recuperar tu intuición y a obtener la magia hereditaria de tus antepasados. Llévalo en tu cuerpo para aumentar la comunicación espiritual a lo largo de tu vida habitual.

Labradorita

Una vez más, el versátil cristal de labradorita te ayuda a alcanzar la clarividencia. Es especialmente eficaz para estimular el cerebro y enseñarte a reconocer las señales de los espíritus. Activa los chakras de la garganta y del tercer ojo, lo que hace que la clarividencia sea más alcanzable.

Amazonita para adivinaciones fantasmales

Si te interesa comunicarte con fantasmas, considera la posibilidad de utilizar cristales de Amazonita, que abren otros reinos y te protegen del mal. La principal diferencia entre fantasmas y espíritus es que los fantasmas son siempre las almas de personas fallecidas, mientras que los espíritus pueden haber vivido en la Tierra, pero no necesariamente en forma humana. Los fantasmas se te aparecerán en forma humana y a menudo pueden presentarse como su forma humana, y sienten y actúan de forma diferente a los espíritus.

Los fantasmas suelen estar ligados a su ubicación debido a las trágicas circunstancias de su fallecimiento, y algunos ni siquiera se dan cuenta de que han muerto. Pueden tener un pasado trágico y vibrar con una energía caótica, pero muy pocos desean hacerte daño. Pueden estar confusos y desear completar asuntos pendientes antes de partir al otro reino, así que si contactas con ellos, prepárate para una historia triste o incluso para la ira. Esta es una forma especializada de adivinación que los principiantes no deben realizar. Una vez que te haya familiarizado con las comunicaciones espirituales, podrás intentar la adivinación con fantasmas y utilizar Amazonita para tus rituales.

Sodalita para la lectura del Tarot

Si te cuesta interpretar la señal que te dan las cartas del tarot, prueba a poner un cristal de sodalita junto a tu mesa. Te ayudará a conectar con tu sabiduría interior y a encontrar el significado de las cartas. La sodalita también te recuerda que debes profundizar en tus razones para hacer las preguntas y aprovechar tu intuición no utilizada.

Serpentina para conexiones angélicas y de otro mundo

Se cree que la serpentina está alimentada por la energía de la gorgona griega Medusa, la poderosa guardiana que podía convertir a los hombres en piedra con una sola mirada. Es una poderosa forma de conectar con otros reinos y encontrar la guía de los ángeles y espíritus que residen más allá de la Tierra. Te ayudará a encontrar el camino si estás perdida en el oficio, te sientes falta de inspiración y no sabes qué hacer a continuación.

Lapislázuli para encontrar su amarre

A veces, la magia y la brujería pueden resultar abrumadoras, y sientes que tu trabajo espiritual y tus hechizos se han estancado y no van a ninguna parte. Confía en el lapislázuli para que te ayude a encontrar tus raíces y a crear un vínculo en el mundo espiritual. A veces hay tanta actividad que puede ser difícil identificar a tu guardián principal, así que pide al lapislázuli que te ayude en tu búsqueda.

La adivinación puede parecer una actividad de la nueva era y una forma divertida de coleccionar cristales brillantes, cartas del tarot y runas, pero esta práctica tiene sus raíces profundamente arraigadas en las culturas antiguas. El budismo, el paganismo, el judaísmo y el cristianismo tienen registros de sabios o videntes que utilizaban la adivinación para ver el futuro. Hoy se sabe que gran parte de la lectura está impulsada por el subconsciente, alimentado por la energía del universo o el mundo espiritual. No hace falta ser religioso o estar afiliado a una creencia determinada para practicar la adivinación. Basta con creer.

Mantente a salvo con las reglas normales de la brujería y sé siempre respetuoso con la práctica. Los espíritus siempre están dispuestos a comunicarse con nosotros, siempre que les demostremos que lo hacemos por las razones correctas. Si utilizas la adivinación para divertirte y tratar asuntos triviales, díselo y pregúntales si te dan el gusto. Las preguntas que hagas no siempre tienen que cambiar tu vida; solamente tienen que ser honestas y venir de un lugar de amor.

Capítulo 8: Magia lunar

Diferentes fases del sol y la luna[42]

La gente da por sentado a la luna y al sol. Saben que ambos cuerpos celestes estarán ahí todos los días, que el sol aportará calor y luz, mientras que la luna ilumina el cielo nocturno. Es imposible imaginar el mundo funcionando sin ninguno de los dos, sencillamente porque no funcionaría.

Debido a sus propiedades mágicas, la luna es especialmente importante y afecta significativamente al funcionamiento de la Tierra y a los sentimientos de los seres humanos. El poder de la energía lunar gobierna las mareas y los mares, por lo cual se utiliza la palabra lunático para describir a un loco. Hace mucho tiempo, se creía que los humanos se comportaban de forma diferente en las fases del ciclo lunar, y los mismos principios se aplican a la magia. Cada fase tiene el poder de potenciar tu magia, siempre que sepas cómo utilizarla.

La magia lunar es un arquetipo de la magia, y los poderes de la luna han influido en la humanidad desde el principio de los tiempos. La luna ejerce una increíble influencia en y sus ciclos son intrínsecos a los poderes mágicos. La mayoría de los laicos conocen el poder de la luna llena y lo que aporta a la magia, pero son menos conscientes de las propiedades de los demás ciclos. La brujería y la magia seguirán funcionando, aunque no sepas en qué ciclo está la luna, pero es más probable que obtengas resultados más impresionantes si trabajas con la luna y te aseguras de que todos los elementos están alineados para tener éxito. Al igual que en la vida cotidiana, cuantos más recursos haya disponibles, mejor se hará el trabajo. Merece la pena profundizar en las distintas fases, pero puede que te apetezca tener una hoja de trucos mágicos para empezar. Estos sencillos desgloses te ayudarán a recordar cuándo debes lanzar tus hechizos y por qué. Puedes convertirlos en recordatorios para tenerlos junto a tu altar o en tu almacén de herramientas mágicas para utilizarlos durante tus trabajos de brujería.

La luna en cuarto creciente es el momento de:

- Sacar dinero
- Hechizos de atracción
- Progresión y aumento de las rachas
- Encontrar talentos ocultos
- Desarrollar y perseguir nuevos objetivos y competencias

La luna llena es el momento de:

- Cargar tus cristales
- Trabajar en un aquelarre
- Hechizos mayores de trabajo
- Lanzar magia curativa
- Aumentar los niveles de potencia
- Hacer magia de los deseos

La luna en cuarto menguante es el momento de:

- Trabajar en objetivos personales como la pérdida de peso
- Hechizos de eliminación

- Desterrar la magia
- Limpieza de energías
- Seguir adelante

La luna nueva es el momento para:
- Hechizos de adivinación
- Consultar al oráculo
- Iniciar nuevos proyectos
- Nuevos comienzos
- Establecer intenciones firmes

Magia para la Luna en Cuarto Creciente

Este es el ciclo de la abundancia, y como cabalgar una ola tierra adentro, hace que las cosas se muevan más rápidamente y con más intención. Es el momento de establecer hechizos para el éxito y el crecimiento personales.

Los hechizos a continuación te darán una idea clara de cómo funciona este ciclo, así que adelante y lanza esos hechizos para la belleza y la abundancia. Te lo mereces.

Crea un plan de crecimiento personal

El primer día de luna creciente, empieza con un papel en blanco y un bolígrafo. Escribe lo que quieres conseguir y qué resultados te convienen más. Piensa en tu relación, tu carrera o sus finanzas. ¿Qué podrías mejorar en estos ámbitos de tu vida? Ahora tienes un proyecto para tu éxito, y puedes lanzar hechizos o realizar rituales para asegurarte de que ocurran. Empieza con un plan claro y prepárate para celebrar tu éxito cuando aparezca la luna llena.

Hechizo para atraer el dinero

¿Cómo están tus finanzas? ¿Estás endeudada o simplemente te gustaría recibir más dinero? Aprovecha el ciclo de luna en cuarto creciente para atraer dinero a tu vida y crear oportunidades de ganar dinero.

Prepara un lugar para sentarte a la luz de la luna la primera noche del cuarto creciente. Trae una vela verde y un representante de dinero como un billete de un dólar o tu cartera. Siéntate en meditación bajo la luz de la luna y pronuncia el siguiente conjuro:

"Poder lunar, ven a mí, tráeme suerte y riqueza, llena mi cartera y mi vida de abundancia y amor; haz que así sea".

Deja que la vela se consuma de forma natural y entierra la cera. Cuando hayas completado el hechizo, empezarás a notar nuevas formas de ganar dinero. Tal vez alguien te pida que cuides a su mascota, o se haga disponible un nuevo puesto en el trabajo. Cualquier cosa que se te dé, asegúrate de tomarla, incluso si son cosas que no habías considerado en el pasado.

Hechizo de amor y atracción

Hechizo del tarro de miel

Esta es una parte introductoria en la mayoría de los hechizos de brujas. Es un hechizo poderoso y eficaz para impulsar las relaciones. Puede ser usado para propósitos románticos o para dar fuerza a las amistades. El hechizo de la miel se trata de crear intimidad y conexiones más profundas, por lo que lanzarlo durante la fase de luna en cuarto creciente funcionará aún más eficazmente.

Lo que necesitas:

- Papel y lápiz
- Un tarro lleno de miel
- Una vela roja para el amor apasionado, una vela blanca para fines generales o una vela rosa para la amistad.

Cómo lanzar el hechizo

1. Escribe el nombre de la otra persona en el papel.
2. Gira el papel 90 grados y luego escribe tu nombre en el papel tres veces hasta que cubra completamente el otro nombre del papel.
3. Cierra los ojos y visualiza lo que ves para los dos en el futuro antes de escribir esa intención alrededor de los dos nombres.
4. Ahora añade el papel al tarro lleno de miel, cubriendo el papel por completo.
5. Asegúrate de llenarte los dedos con un poco de miel antes de decir:

   "Así como esta miel es dulce, así será nuestra relación".
6. Lame lentamente la miel de tus dedos mientras repites las palabras de intención.
7. Cierra el tarro con una tapa.

8. Coloca la vela adecuada en la parte superior del tarro y enciéndela.
9. Deja que la vela arda de forma natural y que la cera selle el tarro.
10. Guarda el tarro hasta el próximo ciclo de luna creciente (*waxing moon*, luna de cera, en inglés antiguo).
11. Repite el hechizo hasta que hayas conseguido tus deseos.

Lanza hechizos para la alegría, la felicidad, la curación, el crecimiento social, el embarazo y otras fuentes de atracción en la luna creciente, y tu vida pronto empezará a sentir los beneficios.

Magia para la Luna Llena

Hay tres días en los que el poder de la luna llena es máximo. El día antes y el día después de la luna llena son tan poderosos como el propio día, y es cuando debes realizar tu magia más impresionante. En esta parte del capítulo, encontrarás formas sencillas de utilizar el poder de la luna llena.

Carga tus cristales

Crea un espacio al aire libre donde puedas ver la luna llena con claridad. Asegúrate de que el espacio esté limpio y sea lo suficientemente grande para que todos tus cristales puedan estar sin tocarse. Coloca una tela en el espacio y dispón cuidadosamente tus cristales para que se beneficien de la luz de la luna. Deja tus cristales a la luz de la luna durante dos horas y luego llévalos adentro de nuevo. Quedarán puros, limpios y libres de energía negativa.

Libérate de ataduras

Este ritual te ayuda a utilizar el poder de los arcángeles para seguir adelante. Invoca al arcángel Haniel para que te ayude en este ritual antes de realizarlo. Coge un papel y escribe todo lo que te retiene. ¿Es tu trabajo o tienes malos hábitos? ¿Hay cosas de tu pareja que desearías que fueran diferentes, o necesitas desintoxicar tu vida?

Cuando tengas tu lista, invoca el poder de Haniel y agradécele su presencia, prende fuego al papel y cierra los ojos mientras imaginas que tus problemas se queman en la atmósfera. Cuando abras los ojos, observa cómo se va el humo e imagina que se lleva tu negatividad con él. Vuelve a cerrar los ojos y pregunta a Haniel si tiene algún mensaje para ti. Lo que aparezca ante ti te dará la respuesta que necesitas.

Hechizo de deseo de luna llena
Lo que necesitas:
- Un tarro transparente con tapa
- Agua de lluvia que haya sido cargada a la luz de la luna
- Una moneda de plata
- Una campana
- Una vela de plata

Elige un espacio donde puedas trabajar a la luz de la luna y a plena vista de la luna. Sujeta la moneda y concéntrate en tus deseos, anhelos y en lo que quieres de la vida. Enciende la vela plateada.

Cuando te sientas preparada, echa la moneda en el tarro. Vierte el agua en el frasco mientras dejas que se cargue a la luz de la luna. Cuando el agua esté lisa y el reflejo de la luna se vea claramente en la superficie, di estas palabras:

"Este es mi deseo, y te pido que me lo concedas".

Toca la campana y expresa tu deseo en voz alta y con intención. Repite el proceso tres veces antes de tapar el tarro. Coge la vela y deja caer un poco de cera sobre la tapa antes de dar las gracias a los espíritus por su ayuda y entra en casa con todo el material.

Mantén la moneda en el tarro hasta que sientas que tu deseo se ha cumplido o hasta la próxima luna llena, cuando podrás repetir el hechizo para reforzar tus deseos.

Magia para la Luna en Cuarto Menguante

Libera y suelta en este periodo lunar de limpieza. ¿Cómo te afecta la negatividad y cómo puedes ser más positiva? La magia y los rituales realizados en el periodo de luna en cuarto menguante son especialmente eficaces para limpiar tu vida espiritual y física.

Limpieza del entorno

¿Dónde te sientes más protegida y a salvo de la negatividad? Tu casa debería ser un refugio, y tu espacio sagrado debería estar limpio de negatividad, pero al igual que la limpieza habitual, hay muchas formas diferentes de limpiar tus espacios. Algunos métodos funcionan mejor para algunos, mientras que otros son adecuados para ciertos espacios donde hay elementos restrictivos.

Cuándo limpiar tus espacios

La regla general es hacer una limpieza siempre que te sientas "raro" o no te sientas tan cómoda y segura como de costumbre. Sin embargo, a veces es necesario limpiarse después de ciertos acontecimientos o antes de realizar determinados rituales. Estos son algunos de los más comunes:

- Limpia tu casa después de que haya habido disputas o discusiones
- Limpia tu cama y dormitorio después de haber tenido pesadillas o sueños que te hayan dejado ansiosa y estresada.
- Limpia tu altar o espacio sagrado después de que un hechizo haya salido mal o haya sido ineficaz
- No siempre habrá energía negativa en tu altar o espacio sagrado después de haber conectado con espíritus o ancestros. Aun así, es importante limpiar la energía residual entre las comunicaciones.
- Limpia tus herramientas y ayudas a la adivinación entre lecturas y hechizos
- Limpia la bañera o el cuarto de baño antes de darte un baño ritual
- Limpia las áreas de trabajo tras experiencias negativas y proyectos fracasados

Diferentes tipos de rutinas de limpieza

Limpieza con agua

La forma más disponible y adaptable de limpiar es con agua pura. El agua de luna es la forma más eficaz de atraer la energía lunar a tu espacio, pero el agua pura también funciona. Llena una jarra o un tazón transparente con agua y pide a los espíritus que bendigan el líquido. Camina por tu espacio en el sentido de las agujas del reloj, agitando el agua por todo el perímetro. Este método es eficaz para la limpieza rutinaria y resulta muy económico.

Limpieza con sal

Este método es especialmente eficaz para superficies duras y suelos. Sustituye el agua por sal marina y espolvoréala por todo el perímetro de tu zona. Déjala durante una hora antes de barrerla y tirarla. Recuerde retirar los restos de sal de la casa y desecharlos lejos de tu entorno inmediato. Tenga cuidado al limpiar una zona alfombrada, ya que la sal puede reaccionar con el tinte de las alfombras.

Despeje musical

Este método es una forma divertida de deshacerse de las malas vibraciones. Ya sabes lo que se siente cuando no sabes por qué, pero se te eriza el vello de la nuca y te sientes mal. Las malas vibraciones y la energía nerviosa no son lo ideal, así que utiliza este método para inyectarte positividad y alegría. Sube el volumen de la radio o saca un tocadiscos de los de toda la vida y ponte música que te guste. El hip-hop o el rock clásico funcionan especialmente bien y disipan la negatividad y la energía ansiosa. Elige la música que mejor se adapte a tu situación.

Limpieza con humos

Este método tradicional utiliza hierbas y palos para limpiar los espacios. Por supuesto, algunos espacios no son adecuados y algunas personas tienen problemas con el humo. Si el espacio es adecuado, utiliza manojos de salvia y palos de sahumerio para llenar la zona de humo purificador y eliminar la negatividad y las malas vibraciones.

Limpieza con aceites esenciales

Se trata de un método utilizado para limpiar espacios que han sido objeto de grandes perturbaciones. Es una limpieza a fondo que garantiza que el espacio esté armonizado y libre de negatividad. Elige los aceites que más te gusten o sean adecuados para la situación y unge con ellos las cuatro esquinas del espacio. Utiliza un difusor para cubrir el resto de la zona mientras invocas la bendición de los espíritus.

Limpieza del aliento

¿Y si el espacio que necesitas limpiar está en tu interior y te sientes bloqueada? Despeja tu mente y tu aura con esta sencilla rutina y levanta el ánimo y el humor. Límpiate bien los dientes y la boca antes de sentarte en un lugar tranquilo donde no te molesten. Inspira contando hasta 5 y espira contando hasta 6. Visualiza un lugar tranquilo y relajante en el que te sientas seguro e imagínate en él. Siente cómo te envuelve un manto de calma mientras repites el ejercicio de respiración g hasta que te sientas tranquila y asentada.

Magia para la Luna Nueva

Cuando la luna casi ha abandonado el cielo, es el momento perfecto para honrar a tus antepasados y explorar tu mente inconsciente. Profundiza en tu subconsciente y haz un examen de conciencia. Date un baño ritual caliente con tus hierbas y aceites favoritos para liberar tensiones y traumas acumulados.

Utiliza estos métodos para desterrar el drama y volver a encarrilar tu vida:

Método de la vela desterradora
Lo que necesitas:

- Dos dientes de ajo enteros
- Cuatro granos de pimienta enteros
- ¼ litro de aceite de oliva
- Vela negra
- Herramienta de tallado

Remoja el ajo y los granos de pimienta en aceite de oliva durante dos días antes de la luna nueva. Talla la palabra "drama" en la vela cuando llegue el momento de realizar el ritual. Si tienes problemas más específicos, utiliza palabras diferentes para representar lo que te preocupa. Unge la vela con el aceite, realizando un movimiento hacia abajo. Deja que el aceite escurra hasta que la vela esté totalmente lista para su uso. Colócala en un portavelas y enciéndela bajo la luna nueva, por la noche. Di unas palabras a los espíritus, deja que la vela se consuma por completo y entierra los restos.

Método para Enterrar el Drama

¿Tienes viejos problemas que te han perseguido a lo largo de la historia? ¿Estás harta de los problemas que no paran de reaparecer? Toma un papel y haz una lista de los conflictos y problemas que te preocupan. Hazla detalladamente y definiendo el problema con claridad, y asegúrate de que quedes conforme con la lista.

En la noche de luna nueva, coge una pequeña pala de mano, un poco de tierra bendita y el papel que contiene tus asuntos. Ve a algún lugar lejos de tu casa y entierra el papel en lo más profundo de la tierra. Coloca la tierra bendita encima y vete. Aléjate y no mires atrás.

Hechizo para romper un mal hábito

El proceso de enterramiento es eficaz en la luna nueva y puede utilizarse para eliminar un mal hábito.

Lo que necesitas:

- Pequeña caja de madera
- Bolígrafo y papel
- Diente de ajo
- 2 trozos de romero
- Símbolo de tu mal hábito (un mechero, por ejemplo)
- Un puñado de monedas
- Pala

Lo primero que hay que recordar es que los hábitos son difíciles de abandonar, y tienes que estar seguro de que es lo que quieres. Escribe todas las razones para dejar de fumar en un papel y guárdalo en un lugar donde puedas verlo siempre que quieras para recordarte a ti mismo por qué estás en este camino.

Durante la luna llena, carga tu caja de madera a la luz de la luna antes de colocarla en tu espacio sagrado durante dos semanas. Cada vez que pienses en tu mal hábito durante esas dos semanas, introduce una moneda en la caja. Al principio, esto ocurrirá a menudo, pero debería ser menos habitual a medida que pasen las semanas.

Añade ajo y romero a la caja la primera noche de luna nueva. Coloca también el símbolo dentro y cierra la tapa. Tómate tu tiempo para llorar la pérdida de algo que ha estado contigo durante mucho tiempo antes de cerrar la tapa del todo, y tal vez clavarla o pegarla.

Entierra la caja en un lugar que te guste. Lo mejor es un lugar con agua corriente, ya que el movimiento del agua ayudará a alejar la intención. Aléjate y no mires atrás.

Resumen de la Magia Lunar

Sea cual sea el ciclo o la estación, es importante trazar cómo trabajas con la energía lunar. Tómate una noche al trimestre para sentarte bajo la luna y reflexionar sobre cómo te sientes. ¿Te sientes cansada o vigorizada por la energía? ¿Te sientes más conectada en determinados momentos, o es la luna una forma eficaz de practicar la atención plena para ti? Si eres practicante de la Wicca, ya conocerás el poder del *esbat*, que es un momento pagano de poder.

Haz la transición a una vida centrada en la luna, benefíciate de su poder celestial y mejora tu artesanía. La brujería lunar es abrumadora porque es muy poderosa, así que empieza poco a poco y aumenta tu experiencia para mejorar tu vida normal y tu vida como hechicera.

Capítulo 9: Guías espirituales

Se cree que ingerir plantas psicoactivas te conecta con los elementos vegetales de la naturaleza[43]

¿Quién forma parte de tu equipo? En tu vida normal, puede ser tu pareja, tu mejor amigo, tu familia, alguien del trabajo que siempre está ahí para ti o alguien del gimnasio que te ayuda a hacer ejercicio. Tu círculo social es tu equipo, lleno de personas en las que puedes confiar, a las que puedes querer y que te cubren las espaldas. Pero, ¿y tu equipo espiritual? ¿Quién forma parte del equipo que te guía en tu vida mágica y qué importancia tiene en tu vida cotidiana? Este capítulo trata de los guías espirituales y de cómo forman parte de tu vida, aunque no te des cuenta de que están ahí.

En las creencias del espiritismo occidental, se asignan múltiples tipos de guías a tu equipo, y su propósito espiritual es actuar como guía o protector para ti. Pueden haber formado parte de tu equipo en vidas anteriores o ser nuevos en esta encarnación. Tu equipo, al igual que tu círculo social habitual, cambia y se adapta a tus necesidades. Algunos guías estarán contigo desde tu primera encarnación y permanecerán allí hasta que asciendas, mientras que otros entrarán y saldrán de tu vida cuando los necesites.

Otro hecho fascinante sobre tu equipo espiritual es que pueden o no haber pasado tiempo en la Tierra como humanos. Algunos pueden proceder de planos astrales y sistemas extraterrestres, mientras que otros pueden vivir en planos de luz. Algunos pueden ser ángeles y arcángeles que se dedican a guiarte sin importar la religión que sigas. Es un error común pensar que los ángeles y los arcángeles solamente ayudan a los cristianos. En términos espirituales, sirven a la humanidad y no les interesan tus creencias religiosas.

Tu guía espiritual principal siempre está ahí para ti y fue asignado a tu vida - mucho antes de esta existencia terrenal. Conocen cada fibra de tu ser y te ayudarán siempre que lo necesites. Los guías espirituales son benévolos y cariñosos, y nunca te juzgan a ti ni a tus actos, pero pueden intervenir si consideran que vas por mal camino. Se dedican a guiarte y a ayudarte a alcanzar un propósito específico y dedicado en tu vida actual. Tienes total autonomía a la hora de tomar decisiones; tu equipo espiritual siempre te ayudará a conseguir lo que deseas.

¿Hay algún espíritu que deba evitarse?

Por supuesto, no todos los espíritus son iguales. Lo principal es recordar que la energía que envías al mundo reflejará la energía de los espíritus que atraes. En la vida normal, no pedirías consejo sin más a un desconocido; necesitas saber que la persona está en el mismo plano moral que tú para obtener información importante. Se aplica el mismo consejo en cuanto a los espíritus que con la conexión con las deidades. Hay seres de bajo nivel vibracional que no coinciden con tu frecuencia y deben ser evitados. No son necesariamente malignos o dañinos, pero pueden afectarte si te conectas con ellos.

Puedes despedirte y desconectarte si te sientes conectado a un espíritu que no coincide con tu frecuencia. No seas irrespetuoso; dales las gracias como lo harías en las comunicaciones habituales y despídete respetuosamente. Necesitas usar tu intuición y sentido común para determinar con quién y con qué te conectas, así que aplica esto a tu equipo de espíritus y reúne los espíritus más positivos y efectivos que puedas.

Conoce al equipo

1. Guías de vida o ángeles de la guarda

Estos espíritus son tus energías de referencia que nunca te abandonan. Funcionan en un nivel energético superior al de los humanos y siempre están dispuestos a impartir sus conocimientos y sabiduría. Puede que ya sepas quiénes son de tus vidas anteriores. Puede que tengan un nombre y una forma reconocible en tu mente. Son los "jefes de oficina" de tu equipo, saben cómo lidiar con el caos y vigilarán al resto de tu equipo. Aportan paz y amor a tu existencia y se alegran de estar ahí. Recuerda conectar con tus ángeles de la guarda, preguntándoles sobre sus antecedentes como espíritus. Estas conversaciones profundizan tu conexión y te ayudan a comprender su ethos.

2. Guerreros y protectores

Son tus guardaespaldas personales que se dedican a mantenerte a salvo, tanto física como espiritualmente. ¿Alguna vez has tenido una corazonada que te ha hecho replantearte tus acciones o planes? Podría ser tu guía guerrero diciéndote que algo no va bien.

Los espíritus guerreros están increíblemente iluminados y trabajarán contigo para filtrar cualquier consejo y guía adversos que no estén dedicados a ayudarte a alcanzar tu propósito más elevado. A menudo se te aparecerán como guerreros literales, soldados u otras formas defensivas. Si ves a un luchador de sumo o a un guerrero vikingo en tus sueños o visiones, saluda a tu guía espiritual guerrero.

3. Guías porteros

Son otra forma protectora del espíritu. Actúan como tu portero y comprueban todo lo que entra en tu vida. Los porteros son increíblemente importantes y tienen acceso a tu registro akáshico. Este es el plano espiritual de tu vida y contiene información sobre tu vida pasada, presente y futura. Solo permiten fuentes de energía que se dediquen a traerte, formas de energía amorosas y de alto nivel.

4. Guías maestros

Como su nombre indica, estos espíritus están ahí para enseñarte lecciones. Son increíblemente sabios y prácticos, y te visitarán cuando te estés desviando del camino que llevas. No te están juzgando; simplemente tienen que señalarte tus elecciones y ofrecerte caminos alternativos. Algunas personas temen a sus guía maestros, pero, en realidad, son algunos de los guías más eficaces que tienes. Se te aparecen cuando necesitas evaluar tu situación actual y tal vez cambiar de rumbo.

5. Guías animales o tótems

La brujería moderna y los paganos han "redescubierto" el poder del espíritu animal. Algunas culturas antiguas, como la china y la de los indios americanos, han sabido durante generaciones lo importantes que son los animales espirituales, y tú puedes beneficiarte de tu propia conexión con el mundo animal. Tus animales espirituales reflejan tus anhelos internos y tu personalidad. Conectarán a muchos niveles y reflejarán tu ética de trabajo, tus pasiones y tu forma de actuar instintiva. Algunas personas creen que pueden elegir su animal espiritual, pero eso no es cierto. Puede que imagines que tienes conexiones con animales "geniales" como delfines o águilas, pero tu animal espiritual te elige a ti. Puede ser una araña, un gato, una serpiente o un perro. Necesitas meditar y reflexionar para que tu animal se te aparezca en tus sueños o visiones.

6. Antepasados

Muchas culturas antiguas tienen rituales y ceremonias para celebrar a los muertos y a sus antepasados. Ofrecen comida y bebida a los espíritus de los difuntos y les dan la bienvenida a la Tierra. En la brujería moderna, también puedes aprovechar las energías ocultas de tus familiares. Traen conexiones de sangre que son históricas y personales. Conocer a tus antepasados y a los espíritus de tu familia te ayudará a sentirte parte de tu linaje y puede ser hermoso y cambiarte la vida. Algunos espíritus ancestrales serán miembros de su familia que ha conocido, mientras que otros serán parientes fallecidos hace mucho tiempo, que vivieron mucho antes que usted.

7. Trans-especies

La vida moderna es muy consciente de lo trans y de lo que significa en la sexualidad. Sin embargo, también hay espíritus trans que encarnan la conexión entre la humanidad y el mundo animal. Piensa en los antiguos espíritus guía y en las formas que adoptaban para inspirarte sobre lo que puedes esperar. El dios indio Ganesha tenía forma humana con cabeza de elefante. En cambio, Anubis, el dios egipcio, tenía cabeza de chacal. En la mitología griega, Equidna era mitad mujer y mitad serpiente, mientras que Ra, el dios egipcio, era un hombre con cabeza de halcón.

Grupos de espíritus que entran en esta categoría

- **El Centauro** - De la mitología griega, esta criatura mitad hombre y mitad caballo ha ganado más atención desde los libros y películas de Harry Potter. Su origen se remonta a la época de la civilización minoica. Se cree que quedaron tan impresionados por otras culturas que montaban a caballo que crearon el mito del centauro.

- **La Arpía** - En los cuentos griegos y romanos, la arpía es un ave con cabeza de mujer que se describía como un "buitre humano". Representan los vientos destructivos y significan la eliminación de la energía negativa.

- **Las Gorgonas** - Las tres hermanas de la mitología griega que fueron el teriántropo más terrorífico fueron las gorgonas, que eran mujeres en todos los sentidos, excepto por su aterradora cabellera hecha de serpientes que se retorcían y siseaban. El simple hecho de mirarlas convertía a los humanos en mitad hombre/mitad caballo de piedra, y se cree que son la representación original del miedo a las serpientes. Algunas gorgonas se representan con escamas y garras, pero las más reconocibles son las que tienen pelo de reptil.

- **La Sirena** - La leyenda original procedía de Asiria y hablaba de una hermosa doncella con cola de pez que se había transformado en sirena avergonzada por haber matado accidentalmente a su amante humano. Estas criaturas suelen aparecer para ayudar a marineros y navegantes y podrían formar parte de tu equipo espiritual.

Otros espíritus trans son las hadas, las esfinges y los faunos, todo estos criaturas juguetonas y divertidas que te visitan cuando necesitas experimentar una energía verdaderamente mágica.

8. Ascensión y guías del alma

Algunos de tus guías estarán directamente relacionados con la edad de tu alma y el nivel de tu ascensión. Si eres un alma antigua, recibirás una guía adecuada a tu nivel. Si eres nuevo en el proceso, se aplica el mismo principio. Al igual que en la vida normal, recibirás la información que necesites en función de tu experiencia y de la edad de tu alma.

9. Plantas

En las prácticas chamánicas, se cree que ingerir plantas que tienen elementos psicoactivos te conecta con las energías vegetales de la naturaleza. Los chamanes creen que las plantas son una fuente importante de energía vibrante y viva, por lo que realizan rituales y ceremonias para celebrar este hecho. Ciertas especies de cactus y acacias pueden crear la misma experiencia, pero pueden ser peligrosas. Supongamos que quieres invocar a los espíritus del mundo vegetal. En ese caso, es más seguro concentrarse en el mundo vegetal simbólico que en las experiencias vivenciales.

10. Maestro Ascendido

Son las "celebridades" del mundo espiritual. Han vivido como humanos y dominan los aspectos espirituales de la vida. Su experiencia de trascendencia espiritual y su capacidad para elevarse por encima del ciclo de la reencarnación los convierte en los maestros definitivos, que te proporcionan una visión de lo divino. Están a disposición de todo aquel que los invoque, siempre que sus intenciones sean verdaderas y provengan del lugar adecuado. No forman parte estrictamente de tu equipo, pero siempre están al margen, listos para ser llamados si es necesario. Han pagado su deuda kármica y dominado la ascensión.

Maestros Ascendidos Comunes

- **Jesús** - El más importante maestro ascendido que dio su vida para salvar a la humanidad. Él trae la energía del amor incondicional y la alegría. Enseña y muestra la última forma de perdón al perdonar a aquellos que le crucificaron.

- **Los Arcángeles** - Parece desdeñoso unir a todos los Arcángeles en un solo grupo, pero son la personificación de lo que son los maestros ascendidos. Cada uno de los ángeles aporta cualidades diferentes, y pueden trabajar en equipo dentro de sus filas para ayudarte. Estúdialos y descubre lo que aportan a tu vida antes de llamar a estos seres celestiales para que formen parte de tu equipo. Recuerda, a los ángeles no les importa si eres religioso o no. Ellos tienen cosas más importantes en las que pensar, y tienen el oído de Dios.

- **Amoghasiddhi -** En el budismo, esta deidad es la destructora de la envidia y la portadora de la realización. Te ayudará a superar la envidia y a superar tus obstáculos cuando sea necesario.
- **Krishna -** La octava encarnación del dios hindú Visnú Krishna es sabia y compasiva, aportando curación y amor a tu vida.
- **Milarepa -** El famoso yogui tibetano que fundó la escuela de budismo tibetano y es una encarnación espiritual de la alegría. Es famoso por su poesía y sus canciones, por lo que te inspirará a ser más creativo y cariñoso.
- **Madre Teresa -** La monja católica albanesa que enseñó al mundo el significado de la verdadera compasión y fue una luz destacada en la Iglesia. Pídele bondad y amor cuando sientas que necesitas más humanidad en tu vida.

Cómo conectar con tus guías espirituales

Puedes utilizar los mismos métodos que se describen en el capítulo sobre dioses y diosas, y obtendrás una respuesta. Los métodos a continuación están más dedicados a ciertos grupos y espíritus e intensifican tu intención, que es la base de toda buena magia.

Antepasados

Tus antepasados te esperan en el mundo de los espíritus y hay muchas formas de conectar con ellos. Crea un árbol genealógico e investiga a tus antepasados. Hay tantos recursos en Internet que es fácil averiguar de dónde vienes. Otra forma de conectar con tus antepasados más recientes es utilizar objetos que una vez les pertenecieron. Tal vez tengas una joya o una prenda de ropa favorita que asocies con tus familiares. Mantenla cerca y deja que tu mente se despeje de todo excepto de tus recuerdos. Pídeles que te visiten, que compartan contigo sus experiencias vitales y que te guíen para el futuro.

Tus antepasados responderán y aportarán a tu vida el inconfundible sentimiento de familia. Te sentirás animado y alegre. Aumenta esta conexión llevando tus objetos o exponiéndolos en tu casa. No hace falta que haya un santuario dedicado a tus parientes, solamente un lugar donde puedas recordarlos y agradecer su influencia.

Los Arcángeles u Otros Maestros Ascendidos

Conectar con los miembros más elevados del reino espiritual es desalentador para los principiantes, pero eso no significa que no debas intentarlo. Los espíritus tienen una jerarquía, pero también son seres benévolos dedicados a ayudar a la humanidad a vivir mejor. Nunca se adelantarán ni interferirán si no les preguntas primero. Respetan el libre albedrío y tus decisiones personales y nunca te visitarán a menos que se les convoque.

Investiga a tus espíritus y conócelos como hiciste con los dioses y diosas. ¿Qué consiguieron en la Tierra? ¿Por qué eran conocidos y por qué te sientes atraído por ellos? Tu instinto te dirá con quién comunicarte y por qué.

Pasos sencillos para mejorar la comunicación

Paso 1 - Desarrolla el hábito de pedir ayuda

Cuando te encuentres con pequeños problemas durante tu vida normal, intenta pedir ayuda a los espíritus o al universo. Cuanto más pidas, más recibirás, y el proceso se volverá más natural. Piensa en ellos como en una línea de ayuda que siempre está ahí y lista para atender tu llamada.

Paso 2 - Haz una lista de lo que necesitas

La vaguedad no funciona con los guías espirituales. Cuanto más claras sean tus peticiones (y más detalles, proporciones), más eficaces serán tus guías espirituales. Tómate tu tiempo para hacer una lista de los asuntos más importantes de tu vida y el efecto que están teniendo en ella. Sé conciso, pero claro, y escribe la lista con la intención y la convicción de que este es el primer paso para resolver tus problemas.

Paso 3 - Escucha y ve las señales

Una vez que hayas lanzado tus peticiones, te corresponde a ti reconocer las señales que te envían.

Señales de que tus espíritus se comunican contigo

- **Te sientes en paz y tranquilo.** Si tienes la sensación de que alguien mira por encima de tu hombro y te mantiene a salvo, te sientes reconfortado. El miedo y las dudas desaparecen y te sientes optimista y alegre.

- **Ves señales que significan algo para ti.** Los espíritus son juguetones y les gusta mezclarse un poco a la hora de comunicarse. Te enviarán señales y símbolos que son personales para tu vida y los repetirán hasta que hayas resuelto tus problemas. Presta atención a los símbolos que se repiten y que tienen un significado especial para ti.
- **Obtendrás ideas y percepciones repentinas** Si se te ilumina la bombilla después de haber pedido ayuda al mundo de los espíritus, podría tratarse de una comunicación suya. Tienen el poder de enviarte imágenes mentales o ideas para guiarte en la dirección correcta.
- **Recibes información de fuentes inesperadas.** Si de repente ves una oportunidad para hacer algo que antes no existía, podría indicar la presencia de ayuda espiritual. Te darán oportunidades de emprender acciones concretas que quizá no tengan sentido, pero que te ayudarán si eres lo bastante valiente para emprenderlas. Confía en tus instintos y en que esta información te ayudará.
- **Sensaciones físicas.** Algunas personas dicen sentir sensaciones físicas cuando conectan con los espíritus. Sensaciones de hormigueo cálido y presión en determinadas zonas podrían indicar que están contigo.
- **Señales físicas.** Los espíritus son muy buenos enviándote señales de la naturaleza que muestran que están cerca. Las plumas son una opción popular y a menudo aparecen para mostrar que no estás solo. Algunos dicen que los pájaros aparecen en su jardín cuando pierden a un ser querido o que otro animal cualquiera aparece de repente. Debes estar atenta a estas señales y dar las gracias cuando las veas.

Conéctate a tierra después de conectar con el mundo espiritual

La conexión con los espíritus es un proceso físico y mental. Con el tiempo, tendrás que volver a tu forma física en la Tierra. El cambio de energía que experimentas no es práctico para la vida normal, por lo que necesitas conectarte a tierra e involucrarte en la existencia totalmente humana a la que tu cuerpo está acostumbrado. He aquí algunos métodos sencillos para volver al planeta y recuperar el equilibrio:

- Estampa los pies y siente cómo la energía se drena hacia el suelo bajo los mismos.
- Siéntate sobre una piedra o roca y deja que su material natural absorba la energía.
- Date cariño con una bebida o un tentempié para demostrar que vuelves a ocuparte de ti mismo.
- Crea una barrera imaginando que te rodea una luz blanca. Una vez dentro de tu burbuja, volverás a tu estado natural.

Recuerda que todas las sugerencias de este capítulo no funcionarán para todo el mundo, pero te ofrecen un modelo para tus comunicaciones. Los espíritus están ahí para ti y te ayudarán a formar parte del universo espiritual.

Capítulo 10: Magia ritual

La magia ritual puede sonar como algo que solamente está al alcance de brujas y practicantes avanzados. Suena como una forma épica de magia que necesita ser estudiada y practicada para obtener resultados efectivos. Implica arte y ciencia, y te ayuda a transformar y cambiar tu vida para que te empoderes y puedas crear la vida que elijas. Es una práctica mágica que te permite aprovechar las capacidades de tu memoria racial y acceder a los poderes y recuerdos de la humanidad a través del tiempo.

Cuando los antiguos egipcios practicaban la magia ritual, sus conocimientos y prácticas pasaban a formar parte de esa historia colectiva de la magia. Cuando los babilonios o las culturas hindúes crearon nuevas formas de comunicarse con los espíritus y demonios de sus creencias, ese conocimiento también se añadió a la sopa mágica primordial que te espera para cenar.

Tu mente inconsciente recordará estos recuerdos y conocimientos raciales sin que te des cuenta, y te permitirá reconocer símbolos y signos de la historia. Los reinos colectivos de la magia, los pensamientos superiores, los sueños y la creación están ahí para ti y han existido desde los albores de la creación. En todo el mundo, diferentes culturas han practicado la magia ritual, y no limitaron sus creencias a la ciencia. Sólo en las últimas generaciones los humanos han retrocedido a la creencia infantil de que si no pueden reconocer algo con sus sentidos físicos, entonces no es ni puede ser verdad. Los humanos se han convertido en una raza de personas que piensan que si no pueden medirlo, entonces no existe.

Magia ritual en los términos actuales

La magia ritual es una de las formas más poderosas de magia, y puede darte acceso directo a energías superiores de innumerables reinos que traerán cambios reales a tu vida. Se realiza con todas las partes de uno mismo y sumerge la mente, el alma, el cuerpo y las intenciones más profundas en el ritual, de modo que la ceremonia y la magia se conviertan en otra extensión de tu ser. Esta práctica, también conocida como magia ceremonial, ganó popularidad a finales del siglo XIX y principios del XX.

La afluencia de creencias paganas y prácticas ocultistas hizo que las ceremonias y rituales se hicieran más populares, y el ocultista Alastair Crowley fue uno de sus defensores más eficaces. Las ceremonias y rituales estaban impregnados de secretismo para garantizar que los practicantes pudieran realizar sus ceremonias sin recriminaciones. Hoy en día, la práctica es más abierta e implica profundizar en la concentración y construir la práctica, para que la magia sea más poderosa. No es una práctica para magia casual. Esto cambiará tu vida y cómo te relacionas con tu mente subconsciente. Es un paso más en tu viaje y te ayudará a abrazar una vida de transformación y progresión.

Técnicas de magia ritual

Los capítulos anteriores han tratado algunas técnicas más populares como la adivinación, la invocación y la evocación de espíritus y deidades. Otras técnicas se dan en la magia ceremonial, como el ritual mágico de la Eucaristía, que ha evolucionado a partir del cristianismo e implica la digestión de alimentos normales que se han convertido en divinos. A esto se le llama Santa Comunión, una parte importante de la creencia cristiana.

La consagración es otra forma de magia ceremonial que consiste en dedicar un espacio o una persona como esfera sagrada utilizada para un fin y un servicio mágicos.

El destierro es la forma más utilizada de magia ritual y puede emplearse para eliminar influencias no físicas de tu vida. Uno de los rituales más eficaces es el Ritual de Destierro Menor del Pentagrama, que se describe a continuación.

El Ritual de Destierro Menor del Pentagrama

Este ritual mágico te permitirá comprender mejor cómo funciona el proceso y el poder de tu intención. Puede adaptarse a tus necesidades y requisitos y a las deidades y espíritus con los que trabajes.

Paso 1. Colócate en el centro de un espacio sagrado y mira hacia el este. Imagina que eres una escultura gigante que mira al planeta como una diminuta esfera en la línea de tus ojos. Eres el centro del universo y todo gira a tu alrededor. Mira hacia arriba y observa la luz blanca brillante que emana de encima de ti y llévala hasta tu frente.

Paso 2. Sostén el rayo de luz como si fuera una daga y repite la palabra ATAH mientras sientes las vibraciones.

Paso 3. Mueve la mano derecha hacia abajo por tu cuerpo, pasando por la garganta, el pecho y la zona inguinal mientras sientes la luz blanca que te atraviesa. Ahora hay un rayo de energía y luz blanca que va desde lo más alto del universo hasta la Tierra, y pasa justo a través de tu cuerpo. Di la palabra MALKUTH mientras sientes que se forma la conexión.

Paso 4. Levanta la mano hacia el hombro derecho e imagina que la luz blanca es atraída hacia ese punto. Ahora visualiza que la luz emana de tu hombro hacia el universo. Di la palabra VEGEBOORA mientras la luz pasa a través de usted.

Paso 5. Repite el proceso con el hombro izquierdo, sustituyendo la palabra por VEGEDOOLA.

Paso 6. Ahora céntrate levantando los brazos hacia el pecho como si estuvieras rezando y júntalos. Di las palabras LAYOLAM AMEN. Ahora eres la parte central de una cruz con luz emanando de ti hasta los bordes del universo. Ahora eres el gobernante de tu universo y el creador de tu destino.

Paso 7. Ahora mira hacia el este y traza un gran pentagrama de cinco lados con el dedo. Imagina que las líneas están formadas por luces llameantes de color azul brillante, y que el pentáculo brilla con el poder de mil lámparas. Lleva las manos a los lados de la cabeza y apunta con los dedos hacia delante. Mientras lo hace, empuja el pie izquierdo hacia delante y pronuncia la palabra YODAYVAVHEH. Esta es la señal hebrea del entrante y muestra al universo tu intención de marchar hacia delante y captar la energía de tu vida.

Siente cómo la energía divina te atraviesa y es absorbida por el pentagrama. Coge el pie izquierdo y colócalo en su posición anterior, de modo que estés de pie y recta. Ahora levanta la mano izquierda y ponte el dedo índice en la boca en señal de silencio. El brazo derecho debe permanecer extendido y apuntando al pentagrama.

Paso 8. Empieza a caminar hacia atrás, hacia la parte sur de tu área, con el dedo, aun manteniendo una conexión con el pentagrama azul. Crea una línea blanca de energía ardiente entre el símbolo y tú. Al llegar al punto más meridional, habrás creado un círculo de energía entre el símbolo y tu persona.

Traza otro pentagrama en el aire y pronuncia la palabra ADONAY mientras ves cómo las llamas cobran vida. Repite este proceso en el oeste mientras vibras con la palabra EEHAYYAY. Haz lo mismo en el norte, diciendo AGALA, y luego camina hacia el este para completar el círculo.

Paso 9. Observa el círculo que has creado. Cuatro magníficos pentagramas en los puntos cardinales de tu espacio, todos unidos por un círculo de pura energía blanca.

Paso 10. Sitúate en el centro de la zona, recrea la cruz mágica de energía cabalística e invoca al ángel Gabriel pronunciando su nombre. Imagina que está de pie detrás de ti, vestido con magníficas túnicas de color naranja y azul, y que su elemento favorito, el agua, fluye sobre tu espalda.

Paso 11. Ahora abre los ojos, mira a tu derecha y di: "A mi derecha, Miguel", y, visualiza al arcángel del fuego de pie a su lado. Sus vestiduras son rojas y verdes, y puedes sentir el calor de su elemento favorito, el fuego, calentando tu cuerpo.

Paso 12. Extiende los brazos e invoca al arcángel del aire, RAFAEL, y visualízalo de pie con sus vestiduras de color amarillo y violeta. Siente la refrescante energía de su elemento, el aire, en tu cara y cuerpo.

Paso 13. Mira por encima de su hombro izquierdo e invoca al arcángel de la tierra, AURIEL, vestido con túnicas rojizas y verdes. Siente la solidez de su energía entrar en tu cuerpo y hacerte sentir enraizado y seguro.

Paso 14. Tómate un minuto para visualizar lo que ha creado. Un asombroso círculo de energía con un pentagrama resplandeciente y la presencia de arcángeles. Di,

"A mi alrededor brillan estos pentagramas".

y ahora traza la forma de un hexágono en un brillante fuego naranja en tu pecho. Di,

"Dentro de mí brilla el poder de la estrella de seis puntas".

mientras terminas el ritual.

Utiliza este ritual para desterrar la negatividad y pedir a los arcángeles que cambien tu vida y te impregnen de la fuerza del universo. Este círculo es impenetrable y te protegerá de todas las fuerzas e influencias negativas.

Cómo Lanzar un Ritual Wiccano Círculo Mágico

Se trata de un sencillo ritual de protección que puedes llevar a cabo en cualquier lugar y que puedes modificar para adaptarlo a tus necesidades y a la época del año en que realices tu magia. Utiliza la rueda del año para ayudarte a elegir elementos rituales que celebren el poder de la naturaleza. Si tienes poco espacio, utiliza sólo la parte de las cuatro velas para un ritual temporal eficaz.

1. Elige un espacio y prepara el ambiente poniendo música que te inspire mientras trabajas.
2. Limpia la zona con una escoba ritual que sólo se utilice para magia, no para las tareas domésticas habituales, ayudándote a preparar la escena.
3. Utiliza velas para marcar los puntos cardinales de la habitación. Rojo para el sur, azul para el oeste, verde para el norte y amarillo para el este.
4. Muévete en el sentido de las agujas del reloj y enciende las velas mientras rezas una oración de agradecimiento a los espíritus o deidades que hayas elegido.
5. Utiliza rotuladores para formar un círculo entre las velas. Los objetos naturales como ramas o flores funcionan y aumentan la conexión con la naturaleza.
6. Coge un tazón de agua y bendícelo con estas palabras:

    "Consagro este líquido para que ocupe un lugar en mi círculo sagrado, y pido que esté bendecido por los Dioses Madre y Padre (o las deidades que elijas) y sea capaz de repeler el mal".

7. Ahora coge un tazón de sal y di estas palabras:

   "Pido a la Madre y al Padre que consagren esta sal y la hagan apta para habitar en el círculo sagrado".

8. Imagina que el agua y la sal dispersan toda la energía negativa de la habitación y dejan tras de sí un espacio limpio y sagrado. Camina alrededor del círculo y pronuncia las siguientes palabras:

   "Aquí está mi límite sagrado: que no entre nada que no sea amor".

   No habrá negatividad en este espacio,

   Es sagrado y está libre del mal,

   Que as sea".

9. Espolvorea la sal alrededor del círculo y séllalo contra la energía negativa. Reza tus cánticos favoritos y pide a tus espíritus preferidos que se unan a ti.

Tu círculo ya está formado. Este es tu espacio mágico ritual, y se puede utilizar para llamar al universo para hacer tu vida más eficaz y exitosa.

Consejos para la magia ritual

Hay muchos rituales que puedes realizar en tu espacio sagrado, y debes elegir los que se adapten a tus necesidades. Las principales cosas que hay que recordar sobre la magia ritual o ceremonial son:

1. Mantente a salvo. Crea un espacio sagrado que sea fuerte y puro y que mantenga alejadas las energías negativas y los espíritus que no estén totalmente en tu onda.

2. Utiliza herramientas para ayudar a que tus intenciones mágicas sean más pronunciadas. En la siguiente lista encontrarás una guía rápida de herramientas mágicas.

3. Utiliza la astrología para reforzar tus hechizos y rituales. Ya hemos hablado de la magia lunar, pero también puedes utilizar tu signo del zodiaco para ayudarte a trabajar cuando sea más efectivo. Los astros te ayudarán a encontrar tus momentos más poderosos del año y a saber cuándo realizar determinados hechizos.

4. Utiliza tus herramientas de adivinación, como el tarot y las runas, como parte de tu ritual mágico. Pueden mostrarte formas alternativas de elaborar tus hechizos.
5. Considera la ética y la moralidad de tu magia. ¿Eres fiel a tus principios básicos? Nunca hagas magia que vaya en contra de tu moral y tus creencias, aunque parezca ventajoso hacerlo. Tus intenciones deben ser siempre verdaderas y estar libres de influencias emocionales negativas.

Herramientas mágicas y cómo utilizarlas

- **El Athame** - Una daga mágica que representa el elemento aire y la agudeza de la mente. Úsala para lanzar tus círculos y dirigir la energía en tus hechizos y rituales.

- **Una copa** - Una copa ritual sólo debe utilizarse con fines mágicos. Nunca la utilices para beber café u otros líquidos normales. La copa representa el elemento agua y se utiliza para compartir libaciones u ofrecerlas a las deidades y espíritus. Representa el aliento de tu inconsciente y los vínculos emocionales con la magia.

- **Una varita** - Tradicionalmente hecha de madera o metal, una varita es una extensión del usuario y representa la voluntad de la persona que la empuña. Utilízala para dirigir la energía y aumentar la concentración.

- **Lámpara** - Algunos practicantes prefieren utilizar una lámpara para los hechizos en lugar de velas o fuego, ya que son un peligro. Una lámpara representa el elemento del espíritu y la divinidad que todos llevamos dentro. También se utiliza para atraer el poder del Santo Ángel de la Guarda a tu trabajo.

- **La escoba** - Se trata de una escoba fabricada normalmente con materiales naturales unidos por hebras de sauce. Se pueden comprar en tiendas, pero las escobas más eficaces se hacen a mano. Utiliza tu madera favorita y crea una escoba para barrer y limpiar tu espacio sagrado.

- **El Pentáculo** - No confundir con el pentagrama, que es la figura de cinco lados utilizada en el Ritual Menor de Destierro del Pentagrama. Un pentáculo es una pieza plana de madera, metal, arcilla o cera decorada con símbolos mágicos. Una vez más, puedes comprar pentáculos muy decorativos en tiendas mágicas y recursos en línea, pero los más eficaces son los que creas tú mismo. El pentáculo sirve de base para tus otras herramientas mágicas y aporta un significado adicional a tu trabajo.

- **Túnicas** - La ropa que lleves puede marcar una gran diferencia en tu oficio de bruja. Al igual que en la vida cotidiana, la preparación para tus rituales y conjuros debe ser minuciosa y hacerse con intención. Si vas a tu trabajo habitual, vístete apropiadamente con ropa adecuada y apta para tu propósito. El mismo principio funciona para la magia. Vístete con túnicas holgadas y cómodas, pero haz que la ocasión sea especial con determinados colores o estilos de túnica. Tu ropa te ayuda a ponerte en el estado mental perfecto para tu trabajo y centra tu atención.

Capítulo extra: El glosario de las Hierbas

La brujería consiste en utilizar productos naturales para crear pociones y hechizos mágicos, pero saber qué aporta cada ingrediente es importante. Esta lista te ofrece conocimientos básicos que puedes ir ampliando y te ayuda a crear un glosario de hierbas que te ayudará con cualquier hechizo que pruebes.

Pimienta de Jamaica - Aporta dinero, prosperidad y suerte a tu magia. También ayuda a la digestión y puede utilizarse como anestésico general.

Albahaca - Éxito en los negocios y el dinero. Aporta energía tranquila y vibraciones pacíficas a tus hechicería. Añadida a la cocina, también puede curar las flatulencias.

Hojas de laurel - Utilizadas en hechizos de destierro y exorcismos, aportan fidelidad y amor a los hechizos para relaciones y fortalecen la magia de los deseos. Úsalo para obtener energías más fuertes, en hechizos para crear suerte, amor y pasión.

Cayena - Acelera los hechizos y aporta fuerza extra a la magia. Ayuda a superar el dolor, las pérdidas, así como también en las separaciones.

Clavo - Detiene las habladurías y ayuda a la protección.

Eneldo - Suerte, dinero, prosperidad y protección.

Hinojo - Aumenta la fuerza mental, ayuda a perder peso y aporta fortaleza y fuerza.

Ajo - Hace que otros ingredientes sean más eficaces, protege contra los vampiros psíquicos y repele el mal.

Jengibre - Curativo, calma la energía y crea nuevas oportunidades, y fortalece la determinación.

Mejorana - Aumenta la energía en la magia ancestral, las conexiones con los animales, y ayuda a los sueños lúcidos, y es calmante.

Mandrágora - Hierba mágica legendaria para la magia del amor, la pasión, los problemas de pareja, la protección y las maldiciones

Mejorana - Protección. Ayuda a los matrimonios a encontrar puntos intermedios, calma la mente, alivia el dolor y ayuda a aceptar la muerte.

Raíz de malvavisco - Amuletos y dijes de amor, aumenta los poderes psíquicos, protección, atracción de espíritus positivos.

Reina de los prados - La flor sagrada de la primavera, ayuda a cualquier nuevo emprendimiento y ayuda al renacimiento emocional.

Muérdago - Hechizos de buena suerte, amor y dinero, que atraen a posibles compañeros de vida.

Artemisa - Espejismo en superficies reflectivas y en agua, adivinación, capacidad psíquica, viaje astral, favorece los sueños lúcidos, magia lunar.

Gordolobo - Protección, iluminación, salud mental clara, valentía y coraje, cruce de setos, magia de las Arpías.

Ortiga - Coraje, sacralización de hechizos, protección, curación, alejamiento del mal.

Nuez moscada - Trae suerte, prosperidad y éxito financiero.

Flores de cebolla - Quémelas para desterrar los malos hábitos y las influencias negativas. Utiliza cebollas crudas para proteger tu hogar y mantener alejados a los malos espíritus.

Cáscara de Naranja - Eleva las vibraciones y centra la hierba solar de la alegría, las bendiciones, el amor y la buena suerte.

Raíz de Orris - Amuletos y encantos para el amor, aumenta el poder de persuasión, aumenta la popularidad, el carisma y el éxito.

Pachulí - Amor y magia sexual, atracción, fertilidad, ritos de paso y dejar atrás la adolescencia.

Menta poleo - Paz, aumenta la fuerza mental y física, paciencia, elimina la ira, protección.

Menta - Curación mental, purificación general, conciencia psíquica, amor y pasión.

Pino - Persistencia. Aumenta la modestia, la prosperidad, la salud financiera y la buena salud.

Membrillo - Buena suerte, felicidad, protección. Lleva semillas de membrillo en una bolsa roja para mantenerte a salvo de los ataques.

Hoja de frambuesa - Amor y romance, tentación, adivinación.

Sándalo rojo - Se utiliza en incienso para la meditación, la curación y para inducir el trance.

Rosa - Se utiliza en amuletos de amor y belleza, armonía y adivinación; aumenta la confianza en uno mismo.

Romero - Limpieza, purificación y espiritualidad, vitalidad y energía, sabiduría y conocimiento, protección.

Rowan - Protección, conexiones psíquicas mejoradas.

Ruda - Protección, exorcismo, purificación, amuletos pasionales y amuletos protectores.

Raíz del Sello de Salomón - Protección completa contra el mal y la energía negativa.

Menta verde - Amor y pasión, fuerza psíquica, limpieza, renacimiento, protección de bienes y pertenencias.

Anís estrellado - Adivinación, buena fortuna, sueños psíquicos, amuletos de viaje, viajes astrales.

Tomillo - Belleza interior, fuerza, coraje, hierba favorita de los espíritus.

Valeriana - Protección, eliminar hechizos enemigos, disipar negatividad, magia egipcia.

Verbena - Hierba del Viejo Mundo de la sabiduría, el conocimiento, la curación y la profecía.

Salvia blanca - Limpieza, protección de la casa, trabajo de trance, curación y claridad mental.

Corteza de sauce blanco - Paz, sabiduría, conocimiento, atraer el amor duradero, adivinación, magia lunar.

Lechuga silvestre - Induce visiones, trance, magia onírica, viajes astrales y mejora los patrones de sueño.

Hamamelis - Confort y curación, sabiduría, protección, consuelo y manejo del dolor, disipa la ira y la negatividad.

Asperilla - Éxito y logros. Pon asperilla en tu zapato izquierdo y tu equipo ganará.

Ajenjo - Induce visión psíquica, conexiones con el mundo de los espíritus, refuerza maleficios y maldiciones, y elimina cualquier hechizo negativo que se haya lanzado contra ti.

Milenrama - Antigua flor medicinal utilizada para el valor, la adivinación y la buena fortuna.

Conclusión

¡Qué viaje tan alocado! Afortunadamente, ya estás preparada para tu nuevo viaje mágico y esperas con impaciencia tu futuro. Tienes los conocimientos, la experiencia y la intención, así que todo lo que necesitas ahora es dar el primer paso. Forma parte de este nuevo mundo lleno de positividad y amor. Siéntete segura y feliz con tus hechizos, y pronto estarás lista para compartir tus nuevas pasiones con otros miembros de la comunidad mágica. Hay muchas razones para participar, así que no esperes ni un minuto más. Buena suerte, aunque no la necesites, y disfruta de tus experiencias.

Vea más libros escritos por Mari Silva

Su regalo gratuito

¡Gracias por descargar este libro! Si desea aprender más acerca de varios temas de espiritualidad, entonces únase a la comunidad de Mari Silva y obtenga el MP3 de meditación guiada para despertar su tercer ojo. Este MP3 de meditación guiada está diseñado para abrir y fortalecer el tercer ojo para que pueda experimentar un estado superior de conciencia.

https://livetolearn.lpages.co/mari-silva-third-eye-meditation-mp3-spanish/

¡O escanee el código QR!

Referencias

"11 Popular Tarot Spreads for Beginners and Experts." Www.alittlesparkofjoy.com, 19 July 2021, www.alittlesparkofjoy.com/easy-tarot-spreads/#three-card-tarot-spread.

"13 Best Crystals for Divination." All Crystal, 9 Aug. 2022, www.allcrystal.com/articles/crystals-for-divination/.

"25 Types of Witches: The Magical List of Witchcraft." Facts.net, 4 July 2021, facts.net/types-of-witches/.

Aletheia. "7 Types of Spirit Guides (& How to Connect with Them)." LonerWolf, 5 Feb. 2018, https://lonerwolf.com/spirit-guides/

"Elemental Magic for Beginners: Basic Principles - Craft of Wicca." Craftofwicca.com, 8 Mar. 2019, https://craftofwicca.com/elemental-magic-for-beginners/#Elemental%20Magic%20For%20Beginners

"Gods and Goddesses in Witchcraft: A Beginner's Guide." Witchbox, 22 May 2023, https://witchbox.co.uk/blogs/witchbox-blog/understanding-the-13-gods-and-goddesses-in-witchcraft

Herbs, Colleen Vanderlinden Colleen Vanderlinden. "Evolution and History of Witchcraft Timeline." LoveToKnow, https://paranormal.lovetoknow.com/Witchcraft_History

"How to Cast a Wicca Ritual Magic Circle." The Not so Innocents Abroad, www.thenotsoinnocentsabroad.com/blog/how-to-cast-a-wicca-ritual-magic-circle.

https://www.facebook.com/learn.religions. "What's the Difference between Evoke & Invoke in Paganism?" Learn Religions, www.learnreligions.com/evoke-and-invoke-2561892.

"Learning Tarot: A Complete Tarot for Beginners Guide."
Www.alittlesparkofjoy.com, 14 Sept. 2020, www.alittlesparkofjoy.com/tarot-beginners-guide/.

Leavy, Ashley. Crystal Divination: Three Techniques for Insight & Healing - Love & Light School of Crystal Therapy. 19 Aug. 2013, https://loveandlightschool.com/crystal-divination-three-techniques-for-insight-healing/

lynette_starfire. "List of the Most Used Gods in Witchcraft." Witches of the Craft®

"How to Do Ritual Magic - Gain the Power to Create the Life You Choose." Magic Self and Spirit, 14 Feb. 2020, www.magicselfandspirit.com/blogs/magic/how-to-do-ritual-magic/.

May 23, 2020 | Lifestyle. Types of Spirit Guides: The 11 Powerful Guides on Your Team - Typically Topical. https://typicallytopical.com/types-of-spirit-guides

"Moon Magic: A Beginner Crash Course in Lunar Witchcraft." Moody Moons, 4 July 2021, www.moodymoons.com/2021/07/04/moon-magic-a-beginner-crash-course-in-lunar-witchcraft/.

"Prehistoric Witchcraft - Magic Spells." Paranormal Knowledge, 25 Oct. 2020, www.paranormalknowledge.com/magic-spells/prehistoric-witchcraft.html.

"The Ultimate Guide to Magical Herbs for Spells & Rituals - TheMagickalCat.com." Www.themagickalcat.com, 18 Nov. 2020, www.themagickalcat.com/magical-herbs-guide.

"The Wheel of the Year Explained: The Ultimate Guide to Understanding Nature's Sacred Cycles – Small Ripples." Www.smallripples.com, www.smallripples.com/the-wheel-of-the-year-explained/.

Tyler, Deanna. "The Mystery of Nordic Rune Stones." Rune Divination, 18 Sept. 2015, https://runedivination.com/the-mystery-of-nordic-rune-stones/

"Wiccan Deities: A Complete Guide to Wiccan Gods and Goddesses." Explore Wicca, 8 July 2018, https://explorewicca.com/wiccan-deities/

WiseWitch. "Invoking the Gods & Goddesses: Common Sense Counsel." Wise Witches and Witchcraft, 3 Mar. 2018, https://witchcraftandwitches.com/gods-and-goddesses/invoking-gods-goddesses-common-sense-counsel/.

WITCH. "6 Elements (Yes, 6!) - How and Why to Invoke Them in Ritual." WITCH, 1 June 2016, https://badwitch.es/6-elements-yes-6-invoke-ritual

"Your Guide to Rune Divination." Rune Divination, 7 Oct. 2015, https://runedivination.com/your-guide-to-rune-divination

Fuentes de imágenes

[1] *Museo Metropolitano de Arte, CC0, vía Wikimedia Commons:*
https://commons.wikimedia.org/wiki/File:%22Diana,_Goddess_of_the_Hunt%22,_Folio_from_the_Davis_Album_MET_DP107569.jpg

[2] *Usuario: The Wednesday Island, after en:User:Brenton.eccles, Dominio público, vía Wikimedia Commons:* https://commons.wikimedia.org/wiki/File:Wheel_of_the_Year.svg

[3] *Jakub Jankiewicz (Jcubic), CC0, vía Wikimedia Commons:*
https://commons.wikimedia.org/wiki/File:Five_elements_and_pentagram.svg

[4] https://commons.wikimedia.org/wiki/File:Triple-Goddess-Waxing-Full-Waning-Symbol.svg

[5] https://commons.wikimedia.org/wiki/File:Venus_and_Adonis.jpg

[6] https://commons.wikimedia.org/wiki/File:Gavin_Hamilton_-_Apollo_and_Artemis,_1770.jpg

[7] https://commons.wikimedia.org/wiki/File:Theodoor_van_Thulden_-_Athena_and_Pegasus_(1654).jpg

[8] *Gunawan Kartapranata, CC BY-SA 3.0 <https://creativecommons.org/licenses/by-sa/3.0>, vía Wikimedia Commons:* https://commons.wikimedia.org/wiki/File:Bastet.svg

[9] https://commons.wikimedia.org/wiki/File:Marduk_and_pet.jpg

[10] https://commons.wikimedia.org/wiki/File:Thecomingofbrideduncan1917.jpg

[11] https://commons.wikimedia.org/wiki/File:Ceridwen.jpg

[12] https://commons.wikimedia.org/wiki/File:Tanz_der_Dryaden.jpg

[13] https://commons.wikimedia.org/wiki/File:Dakshina_Kali_-_19th-century.jpg

[14] https://commons.wikimedia.org/wiki/File:Die_Nornen_Urd,_Werdanda,_Skuld,_unter_der_Welteiche_Yggdrasil_by_Ludwig_Burger.jpg

[15] https://unsplash.com/photos/fzMgicYhJws

[16] https://www.pexels.com/photo/runic-letters-on-wood-chunks-and-ground-with-autumn-leaves-10110445/

[17] https://commons.wikimedia.org/wiki/File:Black_Rune_5.svg

[18] Ekirahardian, OFL <http://scripts.sil.org/cms/scripts/page.php?item_id=OFL_web>, vía Wikimedia Commons: https://commons.wikimedia.org/wiki/File:RUNIC_LETTER_URUZ_UR_U.svg

[19] https://commons.wikimedia.org/wiki/File:Runic_letter_thurisaz.png

[20] Archivo:B_rune_short-twig.png: User:Skadinaujovectorization:Obra propia, Dominio público, vía Wikimedia Commons: https://commons.wikimedia.org/wiki/File:B_rune_short-twig.svg

[21] Cargador original Berig, GFDL <http://www.gnu.org/copyleft/fdl.html>, vía Wikimedia Commons: https://commons.wikimedia.org/wiki/File:R-runes.png

[22] Ekirahardian, OFL <http://scripts.sil.org/cms/scripts/page.php?item_id=OFL_web>, vía Wikimedia Commons: https://commons.wikimedia.org/wiki/File:RUNIC_LETTER_K.svg

[23] Ekirahardian, OFL <http://scripts.sil.org/cms/scripts/page.php?item_id=OFL_web>, vía Wikimedia Commons: https://commons.wikimedia.org/wiki/File:RUNIC_LETTER_HAEGL_H.svg

[24] https://commons.wikimedia.org/wiki/File:Runic_letter_naudiz.png

[25] Ekirahardian, OFL <http://scripts.sil.org/cms/scripts/page.php?item_id=OFL_web>, vía Wikimedia Commons: https://commons.wikimedia.org/wiki/File:RUNIC_LETTER_ISAZ_IS_ISS_I.svg

[26] Osado, Dominio público, vía Wikimedia Commons: https://commons.wikimedia.org/wiki/File:Runic_letter_ar.svg

[27] Haisollokopas, CC BY-SA 4.0 <https://creativecommons.org/licenses/by-sa/4.0>, vía Wikimedia Commons: https://commons.wikimedia.org/wiki/File:Sowilo_(alternate).svg

[28] Esta imagen vectorial W3C-no especificada fue creada con Inkscape por Bloodofox y Stannered. W3C-validez no comprobada. Dominio público, vía Wikimedia Commons: https://commons.wikimedia.org/wiki/File:Tiwaz_rune.svg

[29] Ekirahardian, OFL <http://scripts.sil.org/cms/scripts/page.php?item_id=OFL_web>, vía Wikimedia Commons: https://commons.wikimedia.org/wiki/File:RUNIC_LETTER_BERKANAN_BEORC_BJARKAN_B.svg

[30] Ekirahardian, OFL <http://scripts.sil.org/cms/scripts/page.php?item_id=OFL_web>, vía Wikimedia Commons: https://commons.wikimedia.org/wiki/File:RUNIC_LETTER_MANNAZ_MAN_M.svg

[31] Ekirahardian, OFL <http://scripts.sil.org/cms/scripts/page.php?item_id=OFL_web>, vía Wikimedia Commons: https://commons.wikimedia.org/wiki/File:RUNIC_LETTER_LAUKAZ_LAGU_LOGR_L.svg

[32] Ekirahardian, OFL <http://scripts.sil.org/cms/scripts/page.php?item_id=OFL_web>, vía Wikimedia Commons: https://commons.wikimedia.org/wiki/File:RUNIC_LETTER_RAIDO_RAD_REID_R.svg

[33] https://unsplash.com/photos/g95sf8-fEQg

[34] Rob Lavinsky, iRocks.com - CC-BY-SA-3.0, CC BY-SA 3.0 <https://creativecommons.org/licenses/by-sa/3.0>, vía Wikimedia Commons: https://commons.wikimedia.org/wiki/File:Apophyllite-54502.jpg

[35] Ivar Leidus, CC BY-SA 4.0 <https://creativecommons.org/licenses/by-sa/4.0>, vía Wikimedia Commons: https://commons.wikimedia.org/wiki/File:Azurite_-_New_Nevada_Lode,_La_Sal,_Utah,_USA.jpg

[36] Rob Lavinsky, iRocks.com - CC-BY-SA-3.0, CC BY-SA 3.0 <https://creativecommons.org/licenses/by-sa/3.0>, vía Wikimedia Commons: https://commons.wikimedia.org/wiki/File:Calcite-20188.jpg

[37] Didier Descouens, CC BY-SA 4.0 <https://creativecommons.org/licenses/by-sa/4.0>, vía Wikimedia Commons: https://commons.wikimedia.org/wiki/File:Herkimer.jpg

[38] Linas Juozėnas, CC BY-SA 4.0 <https://creativecommons.org/licenses/by-sa/4.0>, vía Wikimedia Commons: https://commons.wikimedia.org/wiki/File:Picture-jasper.jpg

[39] Adam Ognisty, CC BY-SA 3.0 <https://creativecommons.org/licenses/by-sa/3.0>, vía Wikimedia Commons: https://commons.wikimedia.org/wiki/File:2_lapis_lazuli.jpg

[40] Eric Polk, CC BY-SA 4.0 <https://creativecommons.org/licenses/by-sa/4.0>, vía Wikimedia Commons: https://commons.wikimedia.org/wiki/File:Opal_NHMLA.png

[41] https://commons.wikimedia.org/wiki/File:Turquoise.pebble.700pix.jpg

[42] https://unsplash.com/photos/83SUHaReev4

[43] https://unsplash.com/photos/SzwyWBHwLMk

www.ingramcontent.com/pod-product-compliance
Lightning Source LLC
Chambersburg PA
CBHW051848160426
43209CB00006B/1210